L'INVENTEUR

Du même auteur

Le Voyage d'Octavio, roman, Rivages, 2015 ; Rivages poche, 2016. Prix de la Vocation, prix Fénéon, Prix Edmée de La Rochefoucauld, Prix L'île aux livres, mention spéciale du prix des Cinq Continents de la francophonie.

Jungle, récit, Paulsen, 2016 ; Rivages poche, 2017.

Sucre noir, roman, Rivages, 2017 ; Rivages poche, 2019. Prix Renaissance.

Naufrages, nouvelles, Rivages poche, 2020.

Héritage, roman, Rivages, 2020 ; Rivages poche, 2022. Prix des Libraires, Prix Valery-Larbaud, mention spéciale du prix des Cinq Continents de la francophonie.

Miguel Bonnefoy

L'INVENTEUR

Rivages

Retrouvez l'ensemble des parutions
des Éditions Payot & Rivages sur

payot-rivages.fr

Collection dirigée par Émilie Colombani

L'auteur a bénéficié pour ce livre de la bourse du CNL.
Il l'a écrit à la résidence d'écriture du DAAD de Berlin.

À Maya
qui voit le soleil
même quand il ne brille pas.

« Archimède, après l'achèvement d'un calcul sur la force d'un levier, disait qu'il pourrait soulever le monde. Moi, je prétends que la concentration de la chaleur rayonnante du soleil produirait une force capable d'arrêter la terre dans sa marche. »

Augustin MOUCHOT

I

Son visage n'est sur aucun tableau, sur aucune gravure, dans aucun livre d'histoire. Personne n'est présent dans ses défaites, rares sont ceux qui assistent à ses victoires. De toutes les archives de son siècle, la France ne conserve de lui qu'une seule photographie. Son existence n'intéresse ni le poète, ni le biographe, ni l'académicien. Personne n'entoure de légende sa discrétion ni de grandeur sa maladie. Sa maison n'est pas un musée, ses machines sont à peine exposées, le lycée où il fit ses premières démonstrations ne porte pas son nom. Toute sa vie, ce guerrier triste se dresse seul face à lui-même et, malgré cette solitude qui pourrait avoir la trempe et l'acier des génies de l'ombre, son destin n'est même pas celui d'un héros déchu. À le voir, il n'appartient pas à cette race d'immortels sans mémoire, aux noms interdits. Si Augustin Mouchot est un des grands oubliés de la science, ce n'est pas qu'il ait été moins persévérant dans ses explorations, moins brillant dans ses découvertes, c'est que la folie créatrice de ce savant têtu, froid et sévère, s'est acharnée à conquérir le seul royaume qu'aucun homme n'a jamais pu occuper : le soleil.

Or, à cette époque, au début du XIXe siècle, personne ne s'intéressait au soleil. La France, tournant le dos au ciel, s'affairait à fouiller les entrailles de la terre pour y extraire, tous les jours, des milliers de tonnes de charbon. Les villes étaient éclairées au charbon, les lits étaient chauffés au charbon, l'encre était fabriquée avec du charbon, la poudre à fusil était à base de charbon, les pieds de cochon étaient cuits au charbon, les cordonniers faisaient leurs semelles avec du charbon, les lazarets étaient nettoyés au charbon, les romanciers écrivaient sur le charbon, et, tous les soirs, dans sa chambre du palais, vêtu d'une chemise de nuit boutonnée de fleurs de lys, le roi s'endormait en pensant à un énorme bloc de charbon. Ainsi, au début du siècle, bien qu'il ait été cher, épuisable et salissant, il n'existait pas une entreprise, pas une profession, pas un art, pas un domaine qui n'ait eu recours, d'une manière ou d'une autre, au charbon.

Et parmi toutes ces activités, il y en avait une qui en consommait en grande quantité, car elle consistait à produire une chaleur suffisante pour tordre le fer : la serrurerie. En ces temps, les serrureries conservaient encore la rusticité médiévale des vieilles forges où l'on battait le bronze pour faire des rampes d'escalier et où l'on bâtissait des grilles en métal pour les jardins des villages, mais elles s'étaient développées avec plus de finesse le jour où Louis XVI, avant d'être guillotiné sur la place de la Révolution, avait ouvert un atelier aux étages supérieurs de Versailles. Pendant trente ans, dans la plus grande clandestinité, le dernier roi de France s'était amusé à reproduire à l'identique les fermetures des portes de son château, les loquets et les systèmes de sûreté, et on disait qu'il avait lui-même conçu la serrure de l'Armoire de fer qui cachait les lettres volées des monarques, dont il gardait la clé attachée à un collier autour de son cou. Ce n'est que bien des années plus tard, devant une foule en délire, lorsque sa tête roula sur l'échafaud, qu'un jeune Bourguignon nommé Jean Roussin, assistant au spectacle, trouva une clé en argent dans la boue, cachée dans une touffe de cheveux, et la vendit rue Saint-Denis pour quelques sous, sans imaginer qu'il tenait entre ses mains le secret le mieux gardé du royaume.

Avec cet argent, il ouvrit une serrurerie en Côte-d'Or, à Semur-en-Auxois, dans un village de trois mille âmes et de deux clochers. Il s'installa dans une maison sur les berges de la rivière Amance, où il se maria et eut cinq filles. Quinze ans plus tard, la dernière, Marie Roussin, une jeune fille silencieuse et mélancolique, tomba amoureuse d'un des apprentis de son père, un certain Saturnin Mouchot, et passa le reste de sa vie à accoucher de six enfants dans une ruelle voisine.

Ainsi naquit, le 7 avril 1825, à l'ombre des rues du Pont-Joly et de Varenne, à l'endroit le plus éloigné de la lumière, dans l'arrière-salle d'un atelier de serrurerie, l'homme qui devait inventer l'application industrielle de la chaleur solaire. Ce jour-là, bien qu'on fût au printemps, il faisait encore froid. Des brises glacées tapaient sur les carreaux des fenêtres quand Marie Mouchot, réfugiée près de la chaudière où l'on avait entassé de vieilles clés étiquetées, sentit brusquement une douleur intense au bas du ventre. Dans la solitude de l'atelier, elle s'accroupit en levant les pans de sa robe et accoucha derrière l'établi sans un cri, avec un discret bruit d'os, au centre d'un anonymat si complet, d'un silence si austère, qu'elle eut l'impression qu'on ouvrait entre ses jambes un palastre de serrure. L'enfant atterrit au fond d'un sac de burins et de verrous, plein de sang et de graisse, et lorsque Saturnin Mouchot, alerté par les pleurs du nouveau-né, fit irruption dans l'atelier, il attrapa une pince arrache-clou et coupa le cordon comme il l'aurait fait d'un câble de fer.

Le lendemain, on nomma l'enfant Augustin Mouchot. On ajouta Bernard en deuxième prénom, en hommage à un vieil ancêtre ferronnier. Mais comme, à cette époque, il était courant qu'un nourrisson meure avant sa première année, comme l'école n'était pas obligatoire et qu'on faisait travailler les enfants dès qu'ils pouvaient marcher, personne ne remarqua véritablement sa naissance et, dès ses premières heures, on le soupçonna d'avoir toujours été là.

À six mois, Mouchot était déjà épuisé de vivre. Il n'avait pas la rondeur bouffie des nourrissons en bonne santé ni l'éclat inattendu des prédestinés, mais semblait toujours à quelques minutes d'une apoplexie, tout fripé et décharné, comme un crapaud malade dont la couleur de la peau, même nourrie au lait épais des vaches de Montbard, gardait encore l'aspect d'une auge de pierre. Il mangeait mal, dormait mal, voyait mal. Il n'ouvrit les yeux qu'au bout du cinquième mois et sa mère, avec une muette inquiétude, s'aperçut qu'il ne distinguait rien à plus de dix centimètres. Un après-midi, alors qu'il n'avait qu'un an, il ne put éviter un pied de table et fit tomber sur lui, juste au-dessus de sa tête, une boîte à outils si lourde qu'on dut lui recoudre le front avec une aiguille de tanneur. On crut que le coup l'avait rendu idiot. S'il ne l'abrutit pas tout à fait, cet accident provoqua dans son corps une anémie précoce. Il attira vers lui toutes les maladies que la Bourgogne avait accumulées au fil des siècles, si bien qu'il n'existât pas une bactérie, pas un virus, pas un germe qui ne se soit logé en 1826 dans le corps de l'enfant Mouchot. Il attrapa la variole, la scarlatine, la diphtérie, la fièvre, une diarrhée qui dura quatorze jours, une forme rare de chlorose qu'on disait réservée aux jeunes filles de la haute société et, longtemps, le voisinage se demanda comment cet être sans force ni résistance avait pu survivre à une telle tempête d'infections.

Il resta ses trois premières années au lit. Jamais il ne vit la lumière du jour, muré dans l'ombre de sa chambre, veillé par sa mère à la torche. Cette carence de vitamines s'accentua par la venue de l'été et couvrit sa peau d'une constellation de boutons rouges, de squames sèches, de fétides inflammations en plaques arrondies. On appela des guérisseurs et des rebouteux qui lui appliquèrent de l'huile de chaulmoogra et lui attachèrent une cloche autour du cou, persuadés qu'il était atteint de lèpre. Ce fut un médecin de Dijon qui, entrant par hasard dans la serrurerie, l'examina avec plus d'attention et déclara qu'il ne s'agissait pas de lèpre, mais d'un trouble épidermique dû au manque de soleil. Selon ses conseils, on assit le petit Augustin au milieu de la place, à trois heures de l'après-midi, en pleine canicule, pour faire sécher ses plaques, mais l'excès soudain de chaleur lui provoqua une insolation brutale, ses boutons grossirent, et il dut passer sa quatrième année le corps badigeonné de miel et de potions de serpolet. À cinq ans, il ressemblait à une momie lugubre, immobile et livide, ravagée par les remèdes. Lorsqu'il faisait une sieste trop longue, il craignait qu'on ne l'enterre vivant. C'est pourquoi, dès qu'il sut écrire, il prit une habitude qu'il ne quitta jamais et laissa toujours, avant de s'endormir, une note prudente sur sa table de chevet :

Bien que j'en aie l'air, je ne suis pas mort.

Saturnin Mouchot, en revanche, aperçut dans cette fragilité une force à exploiter. Il voyait bien que son fils était trop fluet, trop menu, pour exercer un métier aussi dur que celui de serrurier, mais

17

il avait cependant noté chez lui des petites mains agiles et des doigts fins, peu fréquents dans la lignée Mouchot, parfaitement adaptés aux activités de précision. Ainsi, loin du chevalet pour forer, loin des outils pour tailler le fer, loin des mandrins pour percer à chaud, il l'installa au fond de la pièce, dans un sombre réduit, pour qu'il trie les tiges et les gonds par taille, qu'il classe les pivots et les crampons, qu'il ordonne les étriers par calibre. Augustin se révéla être aussi adroit qu'un orfèvre. Là où d'autres enfants auraient fait des erreurs, il était d'une exactitude effrayante. On pouvait lui demander à tout moment de grouper des centaines de pièces minuscules, de cataloguer les limes par carreaux ou les grattoirs par lames, de nettoyer les tisonniers les plus sales et les brunissoirs les plus oxydés, jamais il ne se trompait. Mais ce qui impressionna le plus les compagnons fut qu'avant même d'apprendre à lire, il avait commencé lentement à imaginer un système d'encodage pour coffre-fort, une harmonie de nombres permettant de crypter des signes, avec une rapidité de raisonnement extraordinaire et une logique qui n'étaient pas de son âge, comme si les longues années d'isolement avaient fait macérer dans sa tête un don naturel pour le calcul mental.

Ce fut sa mère qui s'en aperçut avant tout le monde. Un soir où, l'aidant à l'atelier, elle le vit défaire, puis rassembler à une vitesse vertigineuse les combinaisons d'un boîtier, elle décida de l'arracher à cette vie d'artisan de l'ombre, pressentant secrètement que cet enfant maladif, fragile et délicat, était peut-être le seul être de ce hameau à pouvoir un jour ouvrir les portes de Paris. Elle attendit la fin de l'été et, début septembre, prit son fils par le bras, traversa la place de l'église et se rendit à l'entrée de la seule école du village.

Derrière le pont Pinard encore garni de canons, dans la rue du Rempart, on avait installé une école au sein d'une imposante bâtisse de maçonnerie et de pierres, surmontée de fenêtres étroites comme des meurtrières, qui ressemblait davantage à une fortification gothique qu'à un établissement scolaire. Augustin y fut instruit selon les coutumes habituelles de l'époque, avec des coups de martinet et des récits de batailles, des cordes de chanvre fixées à un manche et des thèmes grecs, mais il resta imperturbable. Il ne protesta jamais, même quand on l'obligea à s'agenouiller sur des pois secs pendant deux heures, le regard fixé au sol, ni quand il fut mis au piquet, les bras en l'air, au milieu de la cour. Pour lui qui avait survécu à tant de maladies, à tant de traumatismes, à tant de détresse, aucune punition ne pouvait rivaliser avec les adversités de son enfance.

À onze ans, il se mura dans une retraite profonde. Trop réservé, il passait pour arrogant. Comme il était terne et taciturne, personne n'aurait rien su dire à son sujet et ses camarades de classe, jusqu'à la fin de sa vie, furent bien embêtés de rapporter quoi que ce soit de sa jeunesse. La joie festive de l'adolescence et les désirs impétueux, le jeu des mystères et les tentations de l'aventure, tout ce qui, pour les autres, était l'exaltation sauvage des premières passions, trouvèrent chez Mouchot une résistance spartiate. Très vite, il devint apathique, taiseux. Il ne s'émut de rien, pas même plus tard lors du décès de sa mère, ni lors de la gangrène d'un de ses frères. Pendant les cinq années de primaire, il n'exprima rien, n'eut pas un ami et, quand on l'envoya en pension au collège de Dijon, Mouchot partit les poches vides, sans argent ni aspirations, ne conservant de cette période qu'une vague odeur de fer battu et de potions de serpolet.

À Dijon, il attrapa le choléra. La France, alors en pleine expansion industrielle, s'étendait sur un territoire de quarante millions d'habitants, traversé de dix-sept mille kilomètres de voies ferrées, couvert de ponts et de gares, où l'on se déplaçait avec une telle facilité qu'il fut impossible de freiner l'épidémie. Les couvents et les hôpitaux furent aussitôt débordés, on ne comptait plus les morts à l'hospice de Champmaillot. À l'hôpital Notre-Dame de la Charité où Mouchot fut isolé, on présagea qu'il ne passerait pas l'hiver. Mais contre toute attente, une fois encore, Mouchot survécut. Les drogues à base de datura, les lavements opiacés et les litres de limonade lui laissèrent toutefois un corps maigre, d'une sécheresse préoccupante, et un teint translucide, comme quelqu'un aperçu à la lueur tremblante d'une bougie.

À quinze ans, il avait déjà toutes les manies des vieux. Sans cesse contrarié par la cuisson des aliments, il souffrait de maux de ventre, pesait ses repas, digérait mal les viandes mijotées dans des fourneaux en fonte, ce qui le contraignait à se purger régulièrement en faisant des jeûnes prolongés qui lui creusaient les joues. À seize ans, sa myopie augmenta à une vitesse affolante, si bien qu'il fallut changer ses verres tous les six mois. À dix-sept ans, il eut l'aube d'une calvitie et des mèches blanches. À vingt ans, Mouchot en paraissait quarante.

Bien que la nature fût contre lui, il continuait à vivre, à respirer, à croître, avec la discrétion d'un lézard entre des cailloux. Il avait cette fragilité endurante qu'on trouve chez les hommes voués à une mort précoce et que, pourtant, rien ne tue.

Dans ses veines coulait un sang tiède mais tenace. Son legs n'était pas celui d'une lignée de géants travailleurs de la terre, qui bâtissent et meurent jeunes, ou de génies de l'art, qui sont comme des comètes fugitives. Ses racines frêles se plantaient dans une dynastie de têtus, d'incassables, courbés pendant des siècles sur des poignées de fenêtres et des plis de clapets, dont chaque génération vit cent ans, résiste à tout, s'use sans rompre, reste impérissable sans être prodigieuse.

Rien dans son profil ne rappelait la gravité de l'algèbre. Rien de savant, rien de large, rien qui révélait une forêt encore à naître. Ses yeux, petits et enfoncés, ne laissaient apercevoir que des lassitudes et des détresses. Son front, sous une ligne de cheveux courts, était arrondi de bosses causées par d'anciennes migraines. Ses lèvres minces donnaient à son sourire un air de gaucherie et d'embarras. La race austère dont il descendait se montrait dans son squelette fragile, dans ses mauvaises dents, dans ses traits imprécis et peut-être encore davantage dans son pas furtif. Il marchait comme s'il dissimulait un secret et ne regardait jamais les gens de face. Nul n'aurait imaginé à travers ce visage sans grâce, à travers cette silhouette sans stature, un brillant inventeur. Mouchot grandissait péniblement, maintenu en veille, reclus en lui-même comme une goutte d'eau cachée dans le cœur d'une agate.

Le 13 août 1845, c'est toutefois ce fils de serrurier flegmatique que le rectorat de Dijon reçut bachelier ès lettres. Comme il s'était montré obéissant, on lui accorda un poste de maître d'études. Pendant treize ans, de vingt ans à trente-trois ans, il enseigna dans les écoles de Bourgogne, à Arnay-le-Duc, au collège d'Autun, à Dijon, dans le Morvan, menant une carrière sans lumière dans d'interminables villages qui défilèrent sous ses yeux avec la même banalité. Il batailla avec lui-même, dormit dans des lits étrangers, dut supporter l'odeur de papier jauni et de craie cassée d'établissement en établissement, et son seul paysage fut une caravane de centaines d'élèves, vêtus de gris, aux visages décharnés, qui lui renvoyaient par leur vacuité l'image terne de ses exils. Alors que Volta avait inventé la pile électrique, alors que Watt avait déposé son brevet sur la locomotive à vapeur, alors que Durand avait réalisé la première boîte de conserve, alors que Foucault avait fabriqué son pendule, alors que Darwin avait prouvé l'origine des espèces, Mouchot découvrait une moustache fine qui poussait lentement sous son nez, en guidon, pareille à une branche de vigne, et qu'il parfumait de musc et de poivre, persuadé que sa vie ne connaîtrait aucun remous.

Pourtant, ce fut précisément à cet instant, au printemps 1860, que son destin connut sa première secousse. Il fut chargé de la suppléance de la chaire de mathématiques pures et appliquées au lycée d'Alençon. Il déménagea une nouvelle fois et s'installa en Normandie, au troisième étage d'une pension à colombages, dans un appartement où venait de mourir le propriétaire, le colonel Buisson.

Marius Buisson avait acquis ce logement après une vie de services auprès de la garde impériale. C'était un vieil officier de l'armée, né dans le siècle des philosophes, grand amateur de sciences, qui avait perdu une main lors de la prise d'Alger, un œil pendant le siège de Sébastopol, une jambe à la fin de la bataille de Malakoff et boitait de l'autre depuis qu'un cheval d'une demi-tonne s'était effondré sur son genou, dans les marécages de Crimée. Le jour de la victoire de Solférino, il avait été décoré de médailles coloniales et s'était acheté un bel appartement aux poutres apparentes, dans lequel il avait fait construire sur mesure une bibliothèque en bois de chêne, uniquement composée de littérature scientifique, où il avait prévu de passer ses dernières années. Mais il ne put en profiter car, un mois plus tard, au milieu de l'été, alors qu'il faisait des travaux de charpente, une poutre se détacha et, percutant la bibliothèque, l'écrasa comme un cafard au milieu de son salon. Il mourut sur le coup, après avoir survécu à tous les combats et à toutes les batailles, borgne et manchot, la tête aplatie sous des livres, la médaille de la campagne d'Italie plantée dans le cœur.

On organisa de somptueuses obsèques à la basilique Notre-Dame d'Alençon, aux frais du ministère de la Guerre, où on lui rendit les honneurs militaires en faisant graver sur sa pierre tombale la liste de ses victoires. Dès les premiers jours d'août, la famille Buisson, accablée par la douleur, décida de mettre l'appartement en location mais, par superstition, personne ne souhaita récupérer la bibliothèque. Ils la laissèrent au milieu du salon, comme le mât triste d'un ancien vestige, si bien que lorsque Mouchot s'y établit le premier mardi de septembre, il débarqua dans une pièce sans chaudière ni crémaillère, sans lampe ni rideaux, mais seulement avec ce meuble aux dimensions insolites, bondé d'une centaine de livres sur les lois de la physique et les secrets de l'univers.

– Faites attention, lui dit-on en lui remettant les clés. Dans cette maison, la science porte malheur.

Le malheur, pour Mouchot, ne vint pas par les livres. Le premier soir, il se sentit abattu, étouffé. Trois jours après son emménagement, une congestion pulmonaire le dévora. La maladie fut d'une telle brutalité qu'il fut incapable de prendre ses nouvelles fonctions de professeur. Pendant des nuits épuisantes, il tangua sur son lit secoué par des fièvres délirantes. On lui fit des saignées de sangsues. Des purges aux plantes. Des clystères à base d'eau salée. On lui fit boire des mélasses de géranium. Une infirmière bretonne lui massa la poitrine avec de l'huile de myrrhe. Des médecins se hâtèrent à son chevet. Inspirés par des almanachs de vieille médecine chinoise, ils stérilisèrent des cloches de verre et lui appliquèrent sur la peau des ventouses scarifiées.

Nu, livré à des spasmes et à des frissons, Mouchot distinguait à peine ces docteurs qui, débattant et bataillant autour du lit, brûlaient des lambeaux de papier et collaient des bocaux de verre le long de sa colonne vertébrale. Son souffle s'encombra davantage, ses bronches s'irritèrent, sa gorge vrombit et l'inflammation de sa trachée facilita l'invasion des germes. Il lui fallut attendre encore des semaines au lit, terrassé et agonisant, le dos couvert d'auréoles mauves, en buvant de l'iodure et des sels de mercure. Son estomac s'emplit de tant de métaux que, quand il voulut manger pour reprendre des forces, il finit la tête dans une cuve en vomissant un liquide épais, noirâtre et visqueux, qui laissa longtemps dans la chambre une forte odeur de soufre.

Un matin, il put se lever du lit et découvrit son nouvel appartement. Tout l'air était saturé de la fragrance balsamique de ses ventouses et des breuvages de géranium qui se dégageaient de ses pores. Quand il entra dans le salon, encore étourdi de fièvre, la tête lourde, seule l'énorme bibliothèque scientifique du colonel Marius Buisson, comme un géant debout, comme une dernière sentinelle, occupait la pièce principale. Les étagères étaient couvertes de bibelots en terre cuite ornés d'inscriptions juliennes, de petits instruments astronomiques dont un astrolabe en cuivre qui donnait la hauteur des étoiles et, à l'arrière, en file comme un peloton d'exécution, de vieux livres aux reliures embellies par Simier R. du Roi, parfois amassés à l'horizontale, désordonnés et scintillants en une constellation de papier.

Ce premier jour, Mouchot ne s'approcha pas des livres. Le lendemain, il parcourut rapidement le dos des couvertures, l'air oisif, sans s'y attarder. Au bout d'une semaine, il feuilleta certains volumes et, quelques jours plus tard, il avait formé une pile sur sa table de chevet, dont un seul livre attira véritablement son attention. C'était un ouvrage de Claude Pouillet sur la chaleur solaire.

Cette lecture le plongea dans une série de curiosités autour du soleil. Seul dans son nouveau logement, où flottaient encore le fantôme du colonel Buisson et les oriflammes tachées des guerres étrangères, il apprit que des médecins italiens désinfectaient des plaies avec des rayons solaires concentrés, à l'aide de ballons d'eau en verre, et que l'astronome Cassini, en 1710, avait offert au Roi-Soleil un miroir qui pouvait fondre un morceau de fer en une heure.

Un livre l'amena à un autre. Rapidement, Mouchot fit un voyage dans l'anatomie de l'astre. Il découvrit l'histoire d'un inventeur, nommé Drebbel, qui avait construit un orgue qui ne pouvait être mis en action que par des rayons solaires, grâce à un thermomètre à air dilaté, et celle de Buffon qui, sur les berges de la Brenne, avait brûlé à distance des planches de bois au moyen de trois cent soixante glaces mobiles. Il s'intéressa aussi aux horloges solaires de Marsini et de Kircher, à la lampe de Franchot, à Adam Lonitzer qui était parvenu à infuser, grâce à la chaleur du soleil, une fleur de violette dans de l'eau, et au miroir en cuivre avec lequel Archimède, plus de deux mille ans auparavant, avait incendié les vaisseaux de Marcellus lors du siège de Syracuse. Mais celui qui impressionna le plus Augustin Mouchot fut sans doute Horace Bénédict de Saussure, décédé vingt-six ans avant sa naissance. Ce physicien alpiniste, habitué à la solitude et à la frugalité des cimes neigeuses du Mont-Blanc, avait inventé un appareil qu'il appelait *marmite solaire*, avec lequel il faisait cuire un ragoût, une soupe, des légumes, rien qu'en présentant à l'ardeur du soleil la surface vitrée d'un miroir.

Mouchot se figura ce savant infatigable, portant sur son dos des sacs de piquets et de cordes, au milieu des plus hautes montagnes de France, esseulé et épuisé, accommodant une boîte noircie entre deux rochers, à près de quatre mille mètres d'altitude, pour cuire un œuf. Cette idée l'enflamma. Ce même livre, au même endroit, au même moment, qui serait tombé entre les mains d'un homme occupé à ses affaires, pressé par le temps, n'aurait sans doute eu aucun effet. Mais c'est précisément parce qu'il atterrit entre celles d'un être malade, dont l'estomac était capricieux, convalescent, cloué au lit, qu'il fut décisif dans sa vie. Mouchot, dont l'imagination jusque là n'avait jamais dépassé les cuillerées de vinaigre de cidre pour stimuler la digestion, eut un frémissement à la pensée que cette invention pourrait enfin éteindre les incendies de ses entrailles.

Un matin, il se leva avec une hardiesse inattendue, prit une feuille de papier et, saisi par une inspiration primitive, copia le modèle de la marmite solaire d'Horace de Saussure. Toute la nuit, il apporta des améliorations, prit des mesures, revisita les plans. Le lendemain, il descendit la rue aux Sieurs pleine de teintureries, coupa par le pont des Briquetiers, traversa les filatures qui produisaient des toiles et de la dentelle à l'aiguille, et se rendit à la quincaillerie de la place de Lancrel où il acheta trois planches en bois de sapin, un récipient en métal et une énorme boîte à outils. Quand il rentra chez lui, Mouchot se mit en tête de construire sa première marmite solaire.

L'appareil était presque pareil à celui de Saussure. Il ressemblait à une caisse de trente centimètres de longueur, une sorte de ruche ouverte d'un côté, d'un demi-pouce d'épaisseur, doublée à l'intérieur de liège, dont il barbouilla de noir de fumée les parois intérieures. Il y glissa trois miroirs, installés à quatre centimètres l'un de l'autre. Il y mit un kilo de bœuf, quelques légumes et l'eau nécessaire, et plaça le tout au foyer d'un réflecteur en plaqué à courbures.

Il constata que l'énergie du soleil, quand elle frappait perpendiculairement les miroirs, augmentait légèrement. Il passa l'après-midi à la déplacer en suivant le soleil, en la tournant toutes les vingt minutes, devant la fenêtre ouverte afin que la lumière atteigne toujours le fond, regagnant à chaque fois sa chaise d'où il observait, patiemment, la chaleur faire son effet. Mais la caisse ne faisait que tiédir lentement. La seule chose qu'il parvint à cuisiner fut un ragoût abominable, immangeable, que même un porc affamé aurait refusé, dont l'odeur irritante rappelait celle qu'on trouve dans l'estomac des cadavres.

Plus il avançait dans sa fabrication, plus ses expériences étaient désastreuses. S'il introduisait un disque de fer sur le vase inférieur pour transformer la marmite en four solaire, il ne parvenait qu'à durcir un mauvais pain de campagne, à la croûte roide et âpre. S'il remplaçait le couvercle par un alambic à tête de Maure, et versait deux litres de vin dans un vase métallique, il obtenait une repoussante distillation sans arôme. Parfois, quand la caisse se mettait à fumer, il ôtait la cloison, avec espoir, mais ne découvrait que des légumes noircis et des céréales en purée. Mouchot jetait tout, bourrant des seaux entiers qu'il allait déverser dans une fosse puante sous l'immeuble, là où toute la rue vidait ses pots de chambre, puis remontait chez lui, remplissait de nouveau la caisse et s'asseyait sur sa chaise en attendant qu'elle se mette à chauffer.

Face à ces échecs répétés, il souhaita faire une autre expérience. Il se dit qu'en abandonnant les légumes et en installant une chaudière pleine d'eau à la place du récipient, la température donnerait peut-être assez de vapeur pour faire marcher le piston. Il plaça une chaudière en cuivre dans le foyer de miroirs qu'il remplit d'eau dans son fond, et tourna l'appareil vers le soleil. Les premières minutes, il jeta des coups d'œil rapides et furtifs, bougeant légèrement ses réflecteurs pour que la lumière les atteigne perpendiculairement. En s'échauffant, le cuivre dégagea à son tour de la chaleur mais, la perdant au contact de l'air, se mit à refroidir très vite.

Mouchot baissa les bras. Il était insensé de s'acharner. Il devait désormais se rendre à l'évidence qu'il n'était pas un inventeur, ni un savant, mais un simple professeur de mathématiques de lycée, incapable de reproduire ce qu'un alchimiste au milieu des montagnes, sans l'aide de quincailliers, était arrivé à réaliser. Ce n'était visiblement pas pour lui. Il n'était pas voué à la lumière : l'ombre l'appelait. Il décida de tout lâcher.

La première réussite de Mouchot fut due à un hasard, comme souvent dans l'histoire des sciences. Pour ne pas laisser sa machine à l'air libre, il se saisit d'une des grandes ventouses que les médecins avaient utilisées pour ses poumons et clocha la chaudière. Il plaça ensuite l'entonnoir sur des briques, qui sont des mauvais conducteurs, et retomba sur sa chaise, abattu.

Demain, il irait au marché aux bêtes sur la place du Cours où il essaierait de vendre ses caisses en sapin et ses miroirs concaves, peut-être qu'il en tirerait quelques sous. Puis il se dirigerait vers la décharge du faubourg nord d'Alençon, sur les berges de la Sarthe, afin de jeter ce qui resterait de ses chutes de bois, ses morceaux de liège et ses marmites brûlées, en tournant le dos à cet épisode de sa vie et en essayant d'oublier ses ambitions qui lui apparaissaient à présent ridicules. Il prendrait rendez-vous avec M. Langlais, le proviseur de son lycée, qui le recevrait avec un costume en feutre noir et un col serré, et à qui il présenterait sa démission.

Ensuite, il quitterait cet établissement et le triste appartement du colonel Buisson, sans remords, prendrait ses valises et sa cire à moustache et se rendrait au premier relais de la rue Grande où il monterait dans une diligence en direction du

Morvan. Et après quatre jours de voiture, en passant par les bois du Perche, par Arcisses et par Brou, en dormant au bord de la Loire et en mangeant le fromage des chevriers de Gien, il arriverait épuisé et ruiné à Semur-en-Auxois, où l'attendrait son vieux père malade, retiré dans un désarroi insondable, vaincu par la vieillesse, dans l'atelier de serrurerie de son enfance. Quelques années plus tard, il se marierait avec une repasseuse de l'Yonne, un être sans passé ni avenir, avec qui il achèterait une petite maison dans les environs du Charentois. Puis, un jour de pluie, au crépuscule de sa vie, s'effeuillant comme un chou malade, il se blesserait le pouce avec une lime rouillée et attraperait le tétanos, il souffrirait pendant quelques mois d'une paralysie des muscles et mourrait derrière ce même comptoir où il était né, la tête renversée sur le premier sac où autrefois il avait atterri, entouré de burins et de verrous.

Voilà l'avenir que Mouchot s'était tracé quand, au milieu de ses pensées, il entendit derrière lui le couvercle de son récipient émettre un bruit impatient. Des bulles tapotaient les parois, montaient fiévreusement et crevaient la surface.

Il souleva la cloche de verre. Un énorme nuage de vapeur lui couvrit le visage. En quelques minutes, la chaudière était parvenue à ébullition. Le soleil avait traversé la surface de verre de la ventouse, mais la vapeur était restée bloquée à l'intérieur. Il avait accumulé de la chaleur dans un point, grâce à un instrument de médecine, et l'avait empêchée de se perdre au-dehors. La concentration pratique de l'énergie solaire venait d'être découverte.

Mouchot bondit de sa chaise. Il avait sorti du néant un appareil pouvant chauffer sans bois ni charbon, sans huile ni gaz, uniquement mû par la lumière d'une étoile. En le déclinant, en super-posant les cloches de verre, il pourrait peut-être y faire bouillir une marmite, y distiller une liqueur, ou y faire rôtir une volaille. Mieux encore, s'il pouvait faire de la vapeur sans feu, il pouvait actionner une machine à vapeur : tout le marché de la révo-lution industrielle s'ouvrait à lui.

Une excitation, mêlée de crainte, gonfla son cœur. Il ouvrit les fenêtres et les volets, leva le poing et le tendit vers le ciel, comme s'il vou-lait provoquer le soleil en duel. Il prit sa veste et son chapeau et se rendit d'un pas triomphant au registre des brevets, à la Chambre de com-merce, avec une naïve insolence, pour informer l'Académie qu'un nouveau savant venait de faire irruption dans la science. À le voir ainsi, sortant de son petit appartement d'Alençon, le pas pressé et enfantin, personne n'imaginait que cet homme anonyme et quelconque ferait un jour la une des journaux et qu'on l'appellerait le « Prométhée moderne ».

Personne n'imaginait qu'au Palais du Trocadéro, vingt ans plus tard, pendant la grande Exposition universelle, on le présenterait parmi cinquante-trois mille inventeurs, seize millions de visiteurs, au milieu d'un palais de quarante hectares de verre où l'on exhiberait les diamants de la Couronne et la tête de la statue de la Liberté. Personne n'imaginait que ce serait là, au cœur du Champ-de-Mars, qu'il dévoilerait au monde son invention, une cathédrale de miroirs, une machine capable de capturer la chaleur du soleil comme les barrages capturent l'eau des cascades.

Mais tout ceci n'arriverait qu'en octobre 1878. Sous l'hiver d'Alençon, ce 4 mars 1861, Mouchot ne soupçonnait rien du destin fabuleux qui le guettait quand, alors qu'il n'avait que trente-cinq ans, il déposa son premier brevet sur l'utilisation de l'énergie solaire, qu'il appela *héliopompe*.

II

Le bureau des brevets lui attribua le numéro 48622. L'idée était si élémentaire qu'il fut d'abord surpris que presque cinquante mille personnes soient passées avant lui sans l'avoir déjà déposée. Bien des années plus tard, l'ingénieur Abel Pifre, son associé, lors d'une conférence publique, dira devant le baron de Watteville :

– Un entonnoir et un verre de lampe… rien de plus simple. En effet, messieurs, mais encore fallait-il le trouver. C'est l'histoire de l'œuf de Colomb.

Ce brevet ne fut qu'un commencement. Pour la première fois, Mouchot éprouva le sentiment tantôt vertigineux, tantôt rassurant d'avoir un but dans son existence. Bien que ce projet fût encore nébuleux, il savait qu'il devait être accompli aveuglément, sans fléchir, avec une énergie qui allait se décharger, sans qu'il s'en aperçoive, petit à petit, contre lui-même. Il voulut aussitôt construire la plus grande machine, faire la plus grande démonstration dans la plus grande salle, fabriquer des pompes héliothermiques permettant d'élever l'eau des puits, des lacs, des canaux et des bassins, et il eut l'impression que toutes ces nouveautés, mirifiques et prodigieuses, pourraient modifier par leur simple ingéniosité la trajectoire des planètes. Cet homme aux airs effarouchés, qui semblait avoir peur du monde, écrasé par les autres, sentit croître en lui la gourmandise des titans, un appétit dionysiaque. Il vit se dresser devant lui un lendemain peuplé de nouveaux horizons. Il avait décidé de s'approprier cette invention, de la faire sienne, de tailler ses dimensions à sa mesure et, désormais, chaque heure dans sa vie de professeur lui volait une heure de sa vie de savant.

Le petit appartement où il continua ses expériences lui parut un empire de la science et son *héliopompe*, un château. La cuisine était devenue un laboratoire, ses meubles ressemblaient à des dépôts de bois coupé et de cartons de vis, le salon n'était qu'une fabrique de verreries et de plaques en métal, la table, un établi de miroirs couchés et de cylindres en cuivre retournés. Sa chambre était de plus en plus étroite, se peuplant de l'intérieur comme une huître de perles, et, avec tous ces objets bariolés, elle ressemblait plutôt à un hangar de métallurgie qu'à un début d'atelier. Mais comme tous les savants d'une seule idée, Mouchot ne dévia pas sa trajectoire. Il s'obstina à creuser le même trou, profondément, jusqu'à trouver un trésor. Il ne faisait pas partie de ces inventeurs capables d'imaginer cent projets à la minute, de se laisser entraîner par des pensées inspirantes à chaque découverte, de voir se presser dans son esprit pêle-mêle des innovations fabuleuses. Mouchot était de ceux qui choisissent une direction à l'aube de leurs travaux et s'y tiennent jusqu'à la fin. Il comprenait maintenant pourquoi il s'était entêté à survivre, à résister à tout, pourquoi il s'était agrippé à la vie avec autant de ténacité et de persévérance : il était un homme de l'ombre tourné vers le soleil au milieu d'un siècle lumineux tourné vers le charbon.

Mais le moment où il éprouvait un nouvel espoir fut aussi celui d'un nouvel exil. Le 14 janvier 1864, à la suite de la suppression de son poste, il fut affecté au lycée de Tours, toujours en tant que professeur de mathématiques. Encore une fois, il dut déménager. Il s'installa dans le quartier Saint-Gatien, non loin de la cathédrale, dans un immeuble de rapport constitué d'une bâtisse principale, d'une cour et d'un hangar, où le propriétaire, Charles Viollet, négociant rue Bonaparte, louait des appartements. Mouchot vécut pendant deux ans dans une de ces mesquines chambres comme on en trouvait dans les maisons religieuses, au troisième étage, à 10 francs par semaine, sur un lit à ressorts rouillés, où n'étaient passés jusqu'alors que des célibataires aigris et des vieilles dames désargentées, avec pour seuls biens une petite table en bois d'olivier et deux chaises en paille abîmées.

Il partageait cette pension avec des marchands de lin et de chanvre, des bijoutiers de mauvaise fortune, des émouleurs de rasoirs et des allumeurs de réverbères, qui allaient et venaient dans une salle à manger pleine d'horloges à cloches. Un matin, alors qu'il prenait son petit déjeuner avec d'autres pensionnaires, un homme fit brusquement irruption dans le salon et, ouvrant les rideaux, ne put retenir son émotion :

– Il pleut, cria-t-il. Je l'avais prévu il y a quarante-huit heures.

Il s'appelait Maurice de Tastes. C'était un homme petit, au torse velu et à la barbe romantique, l'air nerveux, qui défendait l'idée selon laquelle les éclipses solaires troublaient la gestation des femmes enceintes et qui avait consacré sa vie à un art rare à cette époque : la prédiction météo-rologique.

Il avait décidé de se lancer dans cette aventure dix ans auparavant, un 14 novembre, lors d'une bataille navale, le jour où une violente tempête avait brisé le vaisseau *Henri-IV* et noyé quatre cents hommes dans la mer de Crimée, parmi lesquels son père. Il avait été tant marqué par cet événement qu'il avait passé des années à étudier les cartes iso-bares de cette journée, si bien qu'il avait été un des premiers à découvrir que la tempête existait déjà depuis une semaine, qu'elle avait traversé l'Europe du nord au sud par marées régulières, en un vol géant, comme une armée de condors, et que les limites de la science avaient été les seules respon-sables de son malheur.

À partir de cet instant, son cœur n'avait plus été composé que de grands systèmes nuageux et d'en-sembles orageux. Il portait toujours une mallette remplie de baromètres et d'hygromètres, attachée à son poignet, d'où s'échappait une insistante odeur de vitriol, mais aussi une petite cage avec sept gre-nouilles vivantes qui, selon les textes de mages babyloniens, coassaient une plainte ancienne à la veille des pluies. C'est pourquoi ce matin, alors qu'un déluge frappait les fenêtres et que les gre-nouilles avaient troublé le sommeil de tous les pensionnaires, Maurice de Tastes avait ameuté la maison entière d'un air vainqueur, sautant dix ans de recherches en arrière, comme s'il était parvenu à arrêter la tempête du 14 novembre à la seule force de ses calculs.

– Imaginez tous les pères qu'on pourrait sauver, avait-il expliqué.

Le mois de décembre avait été glacial. Les médecins légistes trouvaient des gens morts de froid au fond de leur lit, sous quatorze couvertures épaisses, tenant entre les doigts un crucifix en bois gelé. Ce fut précisément à cette époque que Maurice de Tastes, au sommet de la tour Charlemagne, lors d'un après-midi brumeux, fit ses premières tentatives de cerfs-volants munis d'enregistreurs.

– Comprendre le ciel est un travail ingrat, dit-il à Mouchot, mais il faut bien que quelqu'un le fasse.

Mouchot l'accompagnait. Sous cette épaisse voûte de nuages, il soupirait, le cœur ailleurs, et lui répétait combien il rêvait de renoncer au lycée pour se consacrer pleinement à son étude.

– Je veux creuser une mine dans le soleil, s'exclamait-il.

La phrase troubla Maurice de Tastes, car la même idée l'avait occupé pendant des années. Lui aussi, du temps où il était encore un jeune chercheur, avait voulu abandonner l'enseignement et livrer la bataille de la science. « J'eus la certitude qu'on m'avait appelé pour une mission », avait-il affirmé. On l'avait traité de faiseur de pluie, de prophète du temps, et ses aspirations avaient été refroidies avec l'avènement d'autres découvertes scientifiques. Selon lui, le public n'admirait une science qu'à l'éclat de ses résultats.

– On juge la pluie à son débit.

Il détacha la sangle et laissa s'envoler un petit ballon doté d'une sonde qui, après la couche de nuages, disparut dans le vent.

– Si vous voulez vaincre le soleil, avait-il conclu, il faut d'abord convaincre les hommes.

Cette conversation laissa Mouchot songeur. Maurice de Tastes avait raison : il fallait d'abord montrer son travail au grand jour. Mais ce que son bras droit, son bras de savant, gagnait de temps en un travail silencieux, dans l'ombre, prêt à se libérer à tout moment, son bras gauche, son bras de professeur de lycée, le perdait en heures de cours, enchaîné à un salaire, le maintenant prisonnier. De plus, l'emprunt qu'il avait contracté auprès d'un banquier pour financer le dépôt de son brevet, l'achat de tous ses matériaux pour ses constructions et la licence exclusive d'exploitation de son *héliopompe* lui coûtaient cher. Terrassé par la maladie, le vieux Saturnin Mouchot, oublié et seul au fond de son atelier de serrurerie, ne pouvait pas lui venir en aide, et sa fratrie était éparpillée en France.

Mouchot comprit qu'il ne pouvait compter que sur lui-même. Quelque chose grandit alors en lui, une puissance souterraine qui le déterra tout à coup, l'arracha à la monotonie de son quotidien et le fit prendre de pied ferme une décision que personne ne contesta. Un matin de juin, il se dressa enfin de sa chaise en bois, quitta sa salle à quatre murs, persuadé qu'on l'avait appelé lui aussi pour une mission. Il traversa la cour de l'école jusqu'au bâtiment principal, monta les quatre étages et frappa à la porte du proviseur, M. Borgnet, sans avoir pris rendez-vous. Là, à la grande surprise du directeur, il posa sur la table son certificat de brevet, dispersa des feuilles de graphiques, des plans détaillés, et déclara d'une voix ferme, avec une précipitation dans le ton, qu'il avait inventé une machine capable de produire de la vapeur avec la seule force du soleil. Il fit silence et répéta ce mot « vapeur », en levant le doigt au ciel, comme s'il venait de nommer la dernière relique du pillage de Constantinople.

– Le soleil est l'avenir, dit-il. Je souhaiterais vous le démontrer dans la cour du lycée.

Le proviseur Borgnet était resté muet. C'était un homme grand, de port digne, avec une bouche large et un nez victorien, qui n'aimait pas se laisser entraîner dans des innovations de chamanes et qui avait passé sa vie à fuir les visionnaires cosmiques et les miracles de la science. Il ne croyait qu'à l'efficacité patiente de l'instruction, aux méthodes de précepteurs, vantait les mérites de l'enseignement austère, et le seul soleil qu'il connaissait ne brillait que dans les livres. Pendant tout le discours de Mouchot, il avait jugé cet être court sur pattes, maladroit dans ses gestes, le regard obstiné, dont l'expression du visage, vaporeuse et déformée, lui donnait l'aspect d'un noyé au fond d'un lac. Il l'avait écouté avec les yeux écarquillés, affalé sur sa grande chaise, ne comprenant pas un mot à ces paroles en cascade et, jusqu'à son dernier jour au lycée de Tours, vingt ans plus tard, il ne put jamais réellement décider si ce professeur de mathématiques était un génie de l'ombre ou un fou illuminé.

D'abord, l'idée lui parut loufoque, invraisemblable. Cependant, il pressentit que ce type d'événements pouvait contribuer au rayonnement de son établissement et voulut bien accorder à Mouchot une autorisation. Le lendemain, le proviseur Borgnet rendit compte de cette affaire au rectorat. La direction générale donna son accord et fixa une date pour la démonstration. Mouchot reçut la nouvelle, alors qu'il sortait d'un cours de géométrie, encore étourdi par le brouhaha des élèves, au moment où le proviseur se planta devant lui et lui dit, en hochant la tête sans conviction :

– Nous le ferons dans quinze jours.

Mouchot sut à cet instant qu'un changement capital venait d'avoir lieu dans sa vie. À partir de ce moment, il ne sortit plus de chez lui sans un attirail confus d'instruments étranges et bruyants, qu'il traînait derrière lui sur un chariot, notant la pression et la qualité de l'air avec la précision d'un chercheur d'or sur les berges d'une rivière. Dès que la fraîcheur de la matinée s'était dissipée, il traversait la place Châteauneuf, chargé de ses outils, avec l'attitude d'un homme exhibant la plus fabuleuse découverte des pyramides de Gizeh, et montait au point le plus élevé de Tours, au sommet de la tour Charlemagne, comme l'avait fait Maurice de Tastes, gravissant les deux cent quarante-huit marches avec de lourds sacs, pour y mesurer l'intensité calorique de la vapeur. Quand la journée était ensoleillée, il faisait des mesures simultanées à des altitudes différentes. Il étudiait les pressions développées dans une masse d'un air confiné. Il consignait dans de petits carnets, jour après jour, le relevé de ses observations et conçut même un mystérieux appareil qu'il appela « actinomètre », une sorte de longue antenne en cuivre qui indiquait la perte de chaleur, mais dont il se débarrassa, car il prenait trop de place dans sa petite chambre.

Au milieu de l'été, il emménagea dans une maison, rue Bernard-Palissy, à quelques mètres de la gare, derrière le jardin du musée des Beaux-Arts où était planté le plus grand cèdre de France. C'était une construction à la mode tourangelle avec une cour intérieure qui lui donna plus d'espace pour ses travaux. En bras de chemise, les mains couvertes de blessures, il faisait des va-et-vient torrides et furieux, portant sur son dos de grosses chaudières peintes en noir. Il se lança dans une série d'expérimentations sur plusieurs miroirs différents, avec un désordre de platine, de lattes d'or et d'acier qu'il avait fait construire sur mesure par un miroitier tchèque. Habité par des forces inconnues, il recommençait les mêmes opérations, en marmonnant dans sa moustache un rosaire de calculs incompréhensibles, combattant farouchement pour ériger du néant cette machine lourde comme une statue grecque que la France, quelques années plus tard, lors de l'Exposition universelle, devait bientôt admirer.

Enfin, un mercredi de canicule, en milieu d'après-midi, il vissa la dernière écaille de miroir, serra le dernier boulon, relia le dernier tube, et contempla son appareil avec des yeux humides comme s'il n'était pas né dans son atelier, mais qu'il venait de descendre du ciel. Les habitants de la rue Bernard-Palissy devaient se souvenir avec quelle émouvante jouissance cet humble professeur de mathématiques, d'habitude penaud, sortit dans la rue, vibrant de bonheur, le corps battu par les mauvaises nuits, les mains balafrées par le labeur, et cria au milieu du trottoir :

– Ma machine est prête.

Le lendemain, il envoya des invitations à tous les professeurs de la faculté de physique et de chimie. Il écrivit soixante-quinze lettres exaltées aux membres de la Société d'agriculture, aux directeurs des laboratoires de recherche de Touraine, à l'Académie des sciences, arts et belles-lettres d'Indre-et-Loire. Pas une seule personne associée de près ou de loin au monde savant, qui ne reçut une invitation. Au bout de quelques jours, la plupart des invités confirmèrent leur présence. À l'heure où l'on faisait les premières tentatives d'un moteur à combustion, où l'on découvrait l'électromagnétisme, où l'on commençait à forer les premiers puits de pétrole en Allemagne, nul ne voulut manquer d'assister à cette nouvelle promesse du progrès, au point que même Louis Mouchot, son frère cadet, dans une impulsion familiale, décida de faire les trois cents kilomètres de diligence de Semur-en-Auxois jusqu'à Tours, dans une vieille charrette anglaise tirée par un hussard.

Un matin de juillet, Mouchot se retrouva donc au milieu de la cour de son lycée, sur le terrain de jeu qu'on avait transformé en amphithéâtre d'exposition, face à une cinquantaine de personnalités influentes. La journée était ensoleillée. Entre les arbres, on avait mis les chaises en cercle autour de sa machine. Mouchot, en veste de tweed, les mains tremblantes, l'air nerveux, nettoyait frénétiquement la poussière déposée sur la cloche de verre. Il avait mis son costume élégant, lavé la veille, avait lissé sa moustache afin qu'elle soit parallèle à son nœud papillon, avait soigné la raie des cheveux du côté droit. C'était déjà un homme de quarante ans qui se dressait là, le visage osseux, le front où se reflétaient une lueur moite et un regard anxieux dont les yeux clairs, vidés par le travail, disaient les tempêtes des migraines et la fatigue des déceptions. Il installa devant le public un réflecteur en entonnoir qui ressemblait à un gramophone primitif, dont les miroirs, entourant la chaudière peinte en noir, s'ouvraient en feuilles hastées comme les pétales d'un arum. Il exposa craintivement la simplicité de son mécanisme, avec un balbutiement gauche et une petite voix inaudible, si bien que les derniers rangs crurent qu'il s'agissait d'une machine innovante destinée à étouffer les bruits du monde. Il assura qu'il était parvenu, dans la ville d'Alençon, à faire cuire des légumes et de la viande dans une marmite solaire inspirée d'Horace de Saussure, et qu'il avait obtenu des résultats très encourageants pour les grands voyageurs ou les soldats en campagne. Puis, après une conclusion maladroite, il laissa planer un silence gêné, croisa ses bras sur sa poitrine, se retira derrière sa chaudière et leva les yeux vers les nuages.

Le soleil montait, sans faiblir. Comme il fallait attendre pour que l'eau se mette à bouillir, certains professeurs émérites se levèrent pour examiner la machine de plus près. Dans l'état embryonnaire où elle était, avec ses miroirs encore instables, elle donnait l'impression d'une serre de pépiniériste, faite maison, où l'on aurait pu à peine hâter la maturation d'une grappe de raisins. Quelqu'un s'exclama :

– On dirait une lampe.

Mouchot ne répondait pas. Il restait immobile, inquiet, et se contentait de faire rouler sous ses doigts fins la pointe de sa moustache en guidon. Tandis que certains savants éminents touchaient la cloche de verre avec de petits gestes de spécialistes, étudiaient les mesures de l'appareil, examinaient le noir de fumée qui entourait le récipient, le soleil eut une légère minauderie.

Ce fut comme une pudeur soudaine. Tout s'enveloppa d'une mante de nuages. Mouchot ne parut pas s'en inquiéter, mais le brouillard prit de l'épaisseur, très bas, argenté, cachant le soleil jusqu'à le voiler, rendant ses contours plus indécis. Au bout d'une demi-heure, la buée était toujours là, persistante, filtrant les rayons, et les glaces de la machine ne réfléchirent plus qu'une lumière attiédie et faible.

Une heure plus tard, l'eau de sa chaudière ne bouillait toujours pas. On entendit des rires dans les derniers rangs, aussitôt étouffés par les applaudissements du proviseur qui, pris de compassion, encourageait Mouchot. Quatre heures sonnèrent au clocher de la cathédrale Saint-Gatien, et une partie des invités s'était déjà retirée. Il ne restait plus, au milieu des bâtisses du lycée, que quelques professeurs solidaires, son frère Louis, et un petit groupe de chercheurs qui, avec de grands yeux bovins, fixaient tour à tour le ciel couvert de nuages et la chaudière presque froide.

Personne ne sut si les membres de l'Académie des sciences attendirent jusqu'à la fin, ni s'il fallut encore beaucoup d'heures pour voir le premier signe de réussite, on sut seulement qu'après soixante minutes d'attente les chaises avaient commencé à se vider, puis, avant la tombée du soir, tout le monde avait disparu. Sans clarté ni musique, sans fleurs ni acclamations, vaincu, Mouchot ne leva même pas les yeux pour regarder le dernier homme quitter la cour et, lors de cet après-midi gris, s'acheva là une des démonstrations scientifiques les plus brillantes de son siècle.

Le soir même, Mouchot décida de tout envoyer à la décharge de Montfaucon. Bien des années plus tard, cette épave serait finalement récupérée par un certain Lévêque, alors directeur de l'école des garçons, qui la conserverait pendant plus d'un siècle et demi au deuxième étage de la tour de l'Orle d'or, à Semur-en-Auxois, à quatre rues de la maison des Mouchot, et qui deviendrait une des fiertés de la ville. Mais, à cet instant, Mouchot ne voulait plus en entendre parler. Il se retira chez lui, s'enferma dans sa maison de la rue Bernard-Palissy, et il y serait resté jusqu'à sa mort si, par un hasard de l'histoire, une nouvelle surprenante n'était venue interrompre sa solitude.

Cette nouvelle vint sous la forme d'un article de presse. On ne savait plus rien de ceux qui avaient assisté à la démonstration du lycée jusqu'au début du mois d'août, lorsqu'un journaliste, rédacteur en chef d'un quotidien politique et littéraire, un de ceux qui étaient assis au dernier rang, connu sous le nom de M. About, écrivit un papier sur lui. Il fut lu avec grand intérêt par un certain Raphaël Bischoffsheim, protecteur des hommes de sciences, grand amateur d'astronomie, qui rendit compte de cette histoire à un autre homme, le commandant Verchère de Reffye, général d'artillerie, célèbre pour avoir inventé la première mitrailleuse française et qu'on disait, dès lors, très influent auprès de l'empereur.

Jean-Baptiste Auguste Philippe Dieudonné Verchère de Reffye était strasbourgeois. Il avait épousé la carrière militaire dès sa dix-huitième année. Bien qu'il eût accompli un beau parcours dans les écoles d'artillerie, il demeurait un homme proche des arts. Ce général de brigade s'était lancé dans une série de lithographies sur les paysages de batailles et les scènes de siège, puis s'était tourné avec ferveur vers l'archéologie militaire. Cette passion l'avait poussé à exécuter des fouilles minutieuses pour retrouver les vestiges d'Alésia dont il put, grâce à son talent de dessinateur, non seulement reconstituer les catapultes, les onagres et les balistes, mais aussi situer exactement les fortifications creusées pendant les combats. Ses résultats, exposés au musée des Antiquités nationales de Saint-Germain-en-Laye, impressionnèrent tant Napoléon III qu'il le nomma officier d'ordonnance et, un jour, le chargea de la direction d'un mystérieux atelier, situé à trente kilomètres de Paris, aux alentours de Meudon.

L'atelier impérial de Meudon était un lieu secret, consacré à la recherche sur les innovations militaires. Verchère de Reffye s'attela à sa nouvelle tâche. Il mit le même zèle qu'il avait manifesté dans les fouilles d'Alésia à se lancer intensément, avec une impulsion brûlante, dans l'art capricieux de la guerre. Napoléon III, en pleine campagne coloniale, lui avait demandé de se pencher sur le problème de l'alimentation des troupes. À cette époque, pour cuisiner, les soldats étaient forcés d'allumer un feu dont la fumée trahissait leur position de loin et causait d'incessantes embuscades et guet-apens. Il s'agissait de trouver le moyen de donner au soldat la plus grande quantité de farine possible et la technique pour la cuire. À présent, cette question occupait aussi le commandant Verchère de Reffye. C'est pourquoi, lorsque lui parvint la nouvelle qu'on signalait à Tours un homme capable de faire cuire des aliments avec la seule force du soleil, il s'extasia, se réjouit de cette annonce et ordonna de le faire venir immédiatement à Paris.

Quand Mouchot arriva, dans une riche pièce tendue de brocatelle bleue, garnie de meubles Louis XIV, il n'eut pas le temps de poser ses plans sur la table que déjà le commandant, debout devant lui dans un costume rouge brodé d'or, lui faisait passer un entretien minutieux.

– On ne peut se permettre le luxe du risque, dit-il.

Verchère de Reffye était encore un bel homme, qui devait avoir quarante-cinq ans, le front têtu, le regard séduisant, le nez charpenté, la bouche cachée derrière une barbe van Dyck de sept centimètres, promis à un extraordinaire destin militaire si, quinze ans plus tard, il ne s'était tué d'une chute de cheval dans un jardin versaillais. Le jour où il rencontra Mouchot, il était dans la force de l'âge. Accompagné d'un illustre chimiste, d'un mathématicien et d'un constructeur, il le soumit à un questionnaire bien préparé, s'enquit de la taille et du poids des appareils, interrogea sur la facilité de démonter la machine dans des conditions hostiles.

Aux réponses précises de Mouchot, Verchère de Reffye sut qu'il avait fait le bon choix. Ce réflecteur solaire, construit à la hâte dans le salon d'un appartement, était une arme redoutable. Plus besoin de faire du feu pour cuire leurs repas, les soldats français s'alimenteraient au moyen de marmites solaires. Là où Mouchot voyait une application industrielle, Verchère de Reffye y voyait une révolution militaire.

– Nous vous attendions depuis des siècles, s'exclama-t-il en souriant.

Il s'enorgueillit de cette découverte. Il venait de sortir des profondeurs de la terre un savant timoré et inconnu, un homme-soleil, qui pourrait non seulement contribuer à réduire les pertes, mais peut-être aussi, par cette trouvaille étonnante, l'élever lui, Verchère de Reffye, au grade de maréchal du Second Empire. Au bout de deux heures, le commandant lui demanda la fourniture de quelques appareils, ainsi qu'un mémoire sur ses travaux, afin de les présenter à l'empereur qu'il devait retrouver, dans quelques semaines, à Compiègne, et le renvoya chez lui.

– On compte sur vous, conclut-il. Pensez à la France.

Dans la voiture de retour à Tours, Mouchot s'émerveilla de ce regain de fortune. Mais là où un autre aurait crié victoire, se serait vanté de cette intervention du destin, Mouchot persévéra à la tâche, baissa la tête et ne leva pas une seule fois le nez de ses papiers. Il ne vit pas passer les deux jours ni les cinquante lieues qui le séparaient de la capitale, et malgré les sursauts des roues sur les chemins de pierres et les écarts des chevaux fouettés, malgré les essieux rouillés et le manque d'encre, Mouchot continua de travailler avec obstination. Il ne quitta pas la voiture en arrivant aux abords de Chartres où le convoi fit un premier arrêt, ne mangea rien quand on lui offrit, à proximité du village de Cloyes, une soupe à la poule sarthoise, ne dormit pas dans la nuit qui l'emmena de Vendôme à la Loire, et quand il arriva à Tours, encore tout irradié des promesses qu'on lui avait faites, il se rendit immédiatement à la quincaillerie Thierry Fabre, à qui il commanda une dizaine de réflecteurs métalliques plaqués en argent, un grand châssis vitré et une chaudière en cuivre pouvant contenir jusqu'à dix litres d'eau.

Tout le mois d'août, il ne fit qu'étudier, écrire, travailler. Au bout de quelques jours, il envoya à Paris trente pages de mémoire, des croquis éclairants, des résultats d'expériences et une note expliquant que son nouvel appareil était prêt à fonctionner.

Mais les journées passèrent sans lettre de retour. Mouchot s'inquiéta. Il vécut toute la semaine comme s'il était malade, découragé, sans savoir ce qu'il devait faire, fatigué de tout. Un mardi, vers vingt heures, alors qu'il était à son bureau, un coursier parut. Il revenait de trois jours de périples par les bois du Gâtinais, où il avait franchi des vallées, s'était perdu dans des gorges, avait traversé des rivières, et finalement, tendit à Mouchot une enveloppe blanche, au papier écorné, qui avait survécu à toutes ces adversités. Or, ce n'était pas une lettre de l'école d'artillerie, ni de Verchère de Reffye, mais un pli au cachet doré qui arrivait de Compiègne. En l'ouvrant, il fut surpris par la qualité du papier et manqua de défaillir quand, après avoir parcouru les premières lignes, il découvrit qu'on lui proposait de venir faire une démonstration, le 2 septembre 1866, devant Napoléon III, à Saint-Cloud, dans les jardins impériaux.

Un Bonaparte, dans son palais, parlait de lui. Un président, un chef de gouvernement, un empereur, un être qui, dès sa naissance, avait son nom dans l'histoire, tournait sa curiosité vers son humble travail, lui, le fils d'un serrurier, le professeur de mathématiques, l'homme du peuple. Il mesura alors brusquement, avec une naïveté étonnée, cette ironie du sort qui l'avait fait passer d'une démonstration désastreuse dans une cour d'école à la rencontre avec un empereur. Mais, encore une fois, il garda son sang-froid. Aucun muscle de son visage ne frémit et, adoptant l'attitude d'un homme habitué aux grands événements, avant que le coursier ne reprenne la route, il s'empressa de répondre par une lettre courte où il confirmait sa présence.

Il se coucha ce soir-là de bonne heure. Il rêva toute la nuit qu'il était assis au sommet d'une montgolfière remplie des sept grenouilles de Maurice de Tastes, habillé en uniforme militaire, et qu'il tenait dans la paume de sa main sa machine solaire, réduite à une taille minuscule, pas plus grande qu'une marguerite de métal. Virevoltant dans les airs, il détachait un à un les pétales d'acier qui, trouant l'atmosphère, atterrissaient au château de Compiègne. Dans son rêve, le ballon continuait de monter sans faiblir, vers un soleil caché derrière des ventouses scarifiées, et Mouchot, à la fois fasciné et craintif, comprenait qu'il s'envolait vers la mort. Mais une seconde avant de se réveiller, il fut frappé par une silhouette qui se dessinait sur les cloches du ciel, une dernière image terrifiante, le profil rustre et sévère d'une femme dans la quarantaine qui lui cachait le soleil de ses grosses mains, la bouche pleine d'œufs noirs, dont il ne reconnut pas le visage.

À son réveil, étourdi par cette étrange vision, il était encore confus. Il fit ses préparatifs lentement, tandis que le souvenir de cette femme lui revenait en mémoire par fragments, puis l'oublia définitivement jusqu'au jour où, trente-cinq ans plus tard, il la croiserait dans un taudis de la rue de Dantzig.

Il passa la journée suivante à apporter les dernières retouches à son appareil, en songeant à Saint-Cloud. Il se figurait déjà membre d'une commission scientifique au sein de l'Empire, se voir confier des démonstrations pour l'inauguration d'un monument et, au crépuscule de sa vie, être nommé sénateur. Tous ces mirages lui provoquèrent une telle émotion, occupèrent tant son esprit qu'il en omit de se renseigner auprès de Maurice de Tastes sur l'état des tempêtes. Le dernier jour d'août, il se leva, fit sa toilette et se parfuma la moustache de musc poivré, se lava les dents avec de la poudre crayonneuse aromatisée à la menthe et se couvrit les épaules d'une cape en velours vermeille, il se farda le visage de talc et monta dans une voiture qu'il chargea de miroirs, de châssis de verre et de vases cylindriques, pour rejoindre Paris, à la rencontre de l'immortalité.

III

Mouchot arriva au jardin de Saint-Cloud au petit matin, après quarante-huit heures de voyage. Pour cette rencontre décisive avec l'empereur, il avait préparé une machine plus sophistiquée que celle qu'il avait présentée dans la cour de son lycée. Elle se composait d'un vaste réflecteur formé d'un châssis de bois recouvert de lames plaquées d'argent et d'une chaudière constituée de deux enveloppes concentriques : la plus grande, haute de quarante centimètres, était noircie au-dehors et la plus petite, vide, annexée au moyen d'un tube pour faire circuler la vapeur. Il passa la matinée à l'installer sous des charmilles, entre les galeries qui se découpaient en allées vastes comme des boulevards, ornées de fleurs écloses le matin même, pareilles à des terrasses suspendues où des clairières secrètes se devinaient parmi les ombres. Des taillis baroques, entourés de chênes majestueux, divisaient la campagne en architectures végétales et, près du château, on voyait, çà et là, des murs d'enceinte parfois troués de coups de canon, comme les vestiges héroïques d'un domaine conquis de haute lutte.

Il était midi. Mouchot nettoyait ses miroirs, quand soudain Napoléon III fit son entrée en calèche. La voiture, tirée par six chevaux, capitonnée de satin, s'arrêta devant le parvis et l'empereur, précédé par un domestique, appuyé sur le rebord de la portière, descendit lentement. On disait qu'il revenait tout juste de l'ermitage de Villeneuvel'Étang, où il avait fait une retraite solitaire avec ses dossiers. Il s'avança vers un groupe d'hommes en tuniques bleues qui se raidirent immédiatement, et Mouchot l'aperçut.

Ses épaules étaient couvertes d'un habit matelassé à la poitrine, à basques brodées de feuilles d'aubépine. Il était vêtu d'un pantalon garance dont le pli cachait la botte et tenait un bicorne à la main. Mais à la place d'un empereur majestueux, portant la moustache la plus célèbre d'Europe, il vit paraître un vieillard mafflu, fatigué par le pouvoir, miné par les malheurs, une canne à la main, accompagné d'un chien saturnien offert par l'un de ses chambellans. Les jambes molles, comme anéanti, le front bas, il contemplait de ses yeux pâles quarante ans de gloires et de désastres. Il ne ressemblait en rien à un Bonaparte, mais plutôt à un vieux loup essoufflé, à la santé écorchée, qui avait douloureusement survécu aux crises de rhumatismes et aux coliques néphrétiques, et qui ne revenait pas de l'ermitage de Villeneuve-l'Étang, mais d'une cure à Vichy où les eaux minéralisées et alcalines lui avaient enflé un calcul dans la vessie gros comme un brugnon.

Bien qu'il ait été souffrant, à l'adresse de chacun il avait un mot, un souvenir, une question pertinente, et lorsqu'il se tint devant Mouchot, sa poignée de main fut celle d'un homme décidé. Le commandant Verchère de Reffye le présenta comme « savant », et Mouchot se rendit compte que c'était la première fois que quelqu'un s'adressait à lui de cette façon. L'empereur plongea ses yeux dans les siens et Mouchot crut apercevoir dans son regard cette admiration respectueuse que partagent entre eux les malades.

Sans perdre de temps, on commença la démonstration. Les chaises avaient été disposées en fer à cheval autour de l'appareil sur lequel deux chênes majestueux, installés de part et d'autre, ouvraient leurs branches pour laisser pénétrer un fleuve de lumière.

Le soleil brillait encore mais, en début d'après-midi, il se voila légèrement. Ce ne fut qu'une sorte de brume, un fin brouillard comme une poussière d'eau. Puis, en quelques minutes, le dôme des nuées parut s'épaissir, se noircir, et soudain, par une ouverture du ciel qu'on ne put identifier, une fine pluie commença à tomber sur les chaises.

L'empereur, après avoir été immédiatement protégé par une couverture, se leva et, sans accorder un seul regard à Mouchot, sans saluer, se réfugia dans son palais. Les autres spectateurs, restés là, remuèrent sur leurs chaises, indécis, leurs yeux rivés au ciel, embarrassés, gênés.

L'averse sembla d'abord passagère. Mais rapidement, elle augmenta, se raffermit, les nuages se blottirent les uns contre les autres et le fond bleu disparut entièrement. Il ne resta plus qu'une immense voûte d'ardoise au-dessus du jardin de Saint-Cloud. La brèche s'agrandit comme un papier qu'on déchire et, d'un coup, de lourdes gouttes mouillèrent le sol, une grosse pluie se mit à tomber, au point que ceux qui ne s'étaient pas encore levés s'abritèrent subitement sous un porche à arcades.

Le mouvement précipité de la foule laissa Mouchot seul au milieu du jardin. D'abord immobile, ne voulant pas croire à cette catastrophe, il dut se hâter quand une rafale de vent vint bousculer son appareil. La pluie ne cessait pas. Des bourrasques glaciales faisaient tanguer sa machine comme une rose au milieu d'un torrent. Alarmé, voulant éviter à tout prix une oxydation des rouages, Mouchot se mit à faire des va-et-vient frénétiques jusqu'aux premiers arbustes d'un bosquet, déplaçant ses miroirs, transportant de lourdes pièces, glissant sur l'herbe, et la rumeur des feuillages, le crépitement des fontaines et le gonflement des ruisseaux étouffèrent ses injures.

Deux jours plus tard, il était de retour à Tours. Il eût été difficile d'imaginer un bilan plus désastreux, plus morose, sans compter les pièces à remplacer et les coûts de fabrication à rembourser.

Il rentra chez lui accablé, comme un perdant que la défaite irrite, qui ne garde au cœur que le souvenir d'une amertume et l'appétit d'une revanche. Il avait subi un échec violent, un échec d'autant plus irréparable et absurde qu'il ne pouvait donner lieu à aucune seconde chance. Rien ne pouvait corriger ce qu'il venait de vivre. Quand il ouvrit sa fenêtre, il vit que son arrière-cour, rue Bernard-Palissy, trempée par les dernières pluies, était devenue une véritable porcherie, avec des pavés retournés, des fragments de machines détériorées, des tessons de verre, tout paraissait un champ de bataille, et il lui sembla que ce paysage sans avenir ressemblait à celui de son cœur. C'était là le travail sans réussite, sans lendemain, le travail désormais détesté et maudit. Mouchot décida d'abandonner sa quête du soleil, de renoncer à ses recherches et de se tourner vers l'enseignement, une bonne fois pour toutes.

Voilà ce qu'il pensait quand, un vendredi, tandis qu'il demeurait allongé dans sa chambre de Tours, la tête lourde de chagrin, désenchanté de lui-même, arriva chez lui une lettre par l'intermédiaire du général Verchère de Reffye. D'abord, il soupçonna un malheur. Mais en l'ouvrant, il découvrit, à la qualité du papier, à la calligraphie, à la bienveillance des formules, une nouvelle invitation impériale.

On lui proposait de faire une deuxième démonstration à Biarritz, le 25 septembre, sur la terrasse de la Villa Eugénie, afin de « rétablir les contingences de la première ».

Mouchot dut s'asseoir sur la première chaise qu'il trouva pour contenir son émotion. Malgré la pluie, l'empereur avait été convaincu. En homme d'affaires, il avait flairé, dans cette expérience avortée, les promesses d'un avenir radieux. Dans la même lettre, le commandant l'invitait à se rendre, dès qu'il en aurait les moyens, à l'atelier de

Meudon. Il le savait à Tours, n'ignorait pas que ses conditions de travail étaient difficiles. Il lui disait combien il serait honoré de le recevoir aux ateliers de la nation, de lui ouvrir les portes des armureries pour les outillages, et de lui faire bénéficier de la grande plaine pour ses expériences.

– Doux Jésus, murmura Mouchot.

Il était béni. Bien que cette démonstration à Saint-Cloud ait été un désastre, il fut inondé d'une joie immense. Non pas d'une joie épiphanique comme celle qu'il avait éprouvée dans son appartement d'Alençon, où il avait créé de la vapeur d'eau pour la première fois, ni comme celle qu'il ressentit lorsqu'il rencontra à l'école militaire le commandant Verchère de Reffye, mais d'une joie plus silencieuse et plus mesurée, comme celle que donne la confirmation d'une vocation. Maintenant qu'on lui donnait un atelier, des moyens à disposition, maintenant que l'homme le plus puissant de son pays lui offrait sa confiance, il savait qu'il pouvait aller au-delà, qu'il pouvait se dépasser lui-même.

Mouchot voulut aussitôt repartir à Meudon pour commencer à travailler. Mais son contrat avec le rectorat de Tours l'en empêchait. Ce soir-là, alors que la date de Biarritz approchait, il écrivit de sa main une lettre dans un style baroque et une calligraphie biscornue, où il exposait ses contraintes de professeur de lycée, qu'il remit en personne à un coursier pour s'assurer qu'elle parviendrait à Meudon. Il ne fallut pas attendre longtemps. Quelques jours plus tard, à sa grande surprise, le commandant Verchère de Reffye transmit au ministre de l'Instruction publique un placet qui résolut l'affaire en une phrase : « M. Mouchot travaille avec moi sur une question qui a mérité l'attention de l'empereur, celle de l'emploi de la chaleur solaire pour l'élévation des eaux. »

Le lendemain, le rectorat lui accorda deux mois de congé. Ce fut avec un apaisement renouvelé qu'il quitta sa salle de classe après son dernier cours, acheta ce qui lui manquait dans une fonderie de quartier et, quand il rentra chez lui, sautillant d'excitation, rangea toutes ces pièces métalliques dans une grande malle de bois à couvercle bombé qu'il fit envoyer par chemin de fer.

La démonstration à Biarritz était dans trois semaines. Mouchot n'hésita pas. Il chargea tout le matériel dont il disposait, prit ses affaires, remplit ses valises, mit dans sa poche une dague andalouse par précaution, referma à clé les tiroirs de son secrétaire, sauta dans une diligence et se rendit à Meudon, le cœur haut et digne, par la vieille route de Clamart, pour construire son chef-d'œuvre.

Un demi-siècle plus tard, à la fin de sa vie, mourant à quatre-vingt-sept ans avec quatre-vingt-sept maladies, Mouchot devait se souvenir de son arrivée dans cet atelier. Il se tenait en contrebas du château de Meudon, loin des jets d'eau et des étangs de pisciculture, au fond de mornes corridors qui ressemblaient à des galeries de forges clandestines, où l'on avait établi autrefois un haras aux dimensions pharaoniques pour la reproduction des étalons et des juments de l'Empire, si bien que l'on pouvait encore sentir entre les murs en pierre l'odeur amère des amours chevalines.

Ces écuries royales avaient été remplacées par un lieu d'essais d'explosifs, d'obus et de tirs. Puis, la guerre ayant été mêlée à la science, étaient venus des inventeurs qui avaient développé des vélocipèdes et des thermopiles, des boulets creux et des trépigneuses pour le foin. On disait même que Choderlos de Laclos, avant d'écrire ses *Liaisons dangereuses*, y avait naguère dirigé une équipe de fabrication d'aérostats mais, faute de volontaires, n'avait pu envoyer dans la nacelle qu'une chèvre et un coq. Dans tout le domaine, il n'y avait ni réchaud, ni conduites d'eau, ni lavabos, on y mangeait froid, on dormait sans chauffage, on faisait sa vaisselle accroupi dans un étang. Au fil des ans, les armes et emblèmes des façades avaient été martelés, les nombreux incendies du manoir avaient laissé les charpentes roussies et, à la couleur des murailles, aux vieilles toitures et aux écailles sèches de peinture, on devinait ses âges successifs comme un palimpseste de roche.

– Meudon sent la meule, disait-on.

Mais tout cela ne gêna en rien Mouchot. Lui qui avait grandi parmi les serruriers et les forgerons, dans des réduits moroses, passant son enfance dans l'ombre, seulement éclairé à la lueur d'une bougie, se trouva aussitôt chez lui dans cet espace peuplé de marteaux-pilons et de presses à forger, de briqueteries pour la fabrication des creusets et de verreries pour mouler la pâte. Il arrivait avant tout le monde, à l'aube, excité et frétillant, tout consacré à son œuvre véritable, et repartait le dernier, épuisé et satisfait, l'esprit léger. Toujours un coin de l'atelier était libéré pour lui, toujours une boîte à outils était préparée pour sa venue. Dans ce royaume fait de câbles et de cylindres, il pouvait montrer son visage réel. Ici, aucun élève ne bavardait au fond, aucun inspecteur ne le dérangeait, aucun proviseur n'attendait de comptes, aucune lettre n'exigeait de réponse, personne ne pouvait venir frapper à cette porte. Pour la première fois depuis son départ de Semur-en-Auxois, Mouchot éprouvait le sentiment démiurgique de bâtir un château dans un château.

Un soir, alors qu'il était resté jusqu'à une heure tardive dans son atelier à souder sa chaudière, Verchère de Reffye entra sans prévenir. Il s'enquit de l'avancée des travaux, évoqua Biarritz, s'informa sur la solidité du cylindre en verre, sur le transport de la plaque de fondation. Mouchot parla avec une assurance et une confiance qui surprirent le commandant, le sachant habituellement timide.

Verchère de Reffye, rassuré, se lança dans le récit de ses travaux personnels et se mit à divaguer sur la reconstitution des fortins romains qu'il voulait présenter lors de la démonstration. Il s'étendit sur ses découvertes inattendues lors des fouilles en Côte-d'Or, vanta les pouvoirs de l'imagination dans l'embellissement des armes antiques, et se dit prêt, si Dieu lui donnait assez de santé, à sortir du ventre de la terre toutes les batailles de la Gaule depuis les premiers peuples jusqu'au règne de Charlemagne. Il semblait si pénétré de toute cette archéologie ancienne, si fasciné par cette mythologie belliqueuse, qu'il ne voyait le monde qu'à travers ce prisme, si bien qu'à un moment il s'arrêta au milieu d'une phrase, brusquement illuminé par une idée, et se tourna vers la machine de Mouchot.

– Vous avez donné un nom à votre appareil ? demanda-t-il.

Mais avant que Mouchot ne répondît, il continua :

– On disait que l'empereur Octave était si beau que tout le monde baissait les yeux devant lui, même le soleil. Octave, pourquoi pas.

On nomma donc la machine Octave. Toute la semaine, Mouchot supervisa les avancées, surveilla chaque étape, contrôla le moindre détail. Dès qu'il entrait, il ne perdait pas une minute, édifiait les plans qu'il envoyait ensuite à un modeleur qui, à son tour, les confiait à des fondeurs de cloches. Il était sur tous les fronts, allait et venait partout, s'affairait à toutes les tâches, courait du bureau à l'établi, de l'établi au chantier, du chantier au bureau. Il n'entreprenait aucun autre projet. Il ne s'associait avec aucun autre mécène. On ne le vit écrire aucun article ni déposer de brevet. Loin des vanités mondaines, loin des cercles de scientifiques, loin des frivolités et des snobismes, Mouchot avançait seul. Alors que les autres savants s'accompagnaient de secrétaires pour leurs recherches, que d'autres inventeurs payaient des étudiants pour accomplir les tâches ingrates, Mouchot exécutait toute la conception sans l'aide de mains de rechange, dressant lui-même les plans préliminaires, et ne laissait personne fouiller dans ses calculs.

Mais, une semaine avant la démonstration, il se rendit compte que la quantité de travail était titanesque pour un homme seul. Il lui fallait un second pour l'épauler, l'aider à venir à bout des défauts du tuyautage, résoudre les difficultés. Il voyait parfois des ouvriers oisifs sous les toitures des préaux, adossés aux sablières, la face rongée par les fours à creusets, les bras hypertrophiés par le labeur.

Un lundi, à l'heure des vêpres, Mouchot les réunit tous dans son atelier. Il essaya de les convaincre en présentant son invention comme une découverte des Grecs, avec un jargon extravagant, truffé de calculs géométriques, en s'aidant de résultats que nul n'aurait pu confirmer, leur assurant que la concentration de la chaleur solaire pouvait produire une force capable d'inverser la courbe de la Terre. On le prit pour un fou. Aucun ouvrier ne se porta volontaire. Il fallut que le commandant Verchère de Reffye annonçât une prime d'un montant généreux pour encourager les plus indécis, car il savait que la démonstration à Biarritz conforterait sa position au sein du pouvoir autant que celle de Mouchot au sein de l'atelier.

Il envisageait déjà d'augmenter la récompense quand, le jeudi, au troisième jour après sa requête, un des plus anciens ouvriers de Meudon, un certain Benoît Bramont, un géant dans la quarantaine, se présenta à la porte de son bureau et, entre les machines bruyantes, au milieu du tintamarre et des cliquetis, n'eut aucune hésitation dans sa voix :

– J'accepte.

Vêtu d'une chemise rayée et d'un simple pantalon de coutil, Benoît Bramont était un colosse, le cou large, le profil noble, tout le corps naturellement tendu vers l'élan vainqueur et la sueur de la besogne. Le crâne rasé, les épaules massives, les jambes athlétiques, rien ne semblait pouvoir le mettre à terre et, de ses yeux minuscules, perdus au milieu de son visage, émanait une sorte de franchise brutale. À l'époque où Mouchot le rencontra, Benoît Bramont avait de grosses mains qui devenaient rouges quand il fermait le poing, un squelette massif et minéral, au point qu'on sentait tout de suite un homme capable de survivre n'importe où. Bourru, ronchon, ivre la moitié du jour, son visage ne s'éclairait que pour les femmes ou pour le jeu, il aimait tricher aux cartes, manger comme un bagnard et, même soûl, ne disait jamais la vérité.

Il avait grandi dans des logements insalubres, dans des chambres sous des toits, avait appris les métiers de ferronnier, de passementier, de coutelier, avait travaillé dans des houillères, des filatures et des bazars. Depuis, il s'était marié, séparé, remarié. Devenu veuf, il ne connaissait plus que le bruit des outils, l'haleine des chevaux qui tractent des chariots, les tombereaux qu'on remplit et les enclumes qu'on coule, et même s'il se souvenait avoir eu des rêves autrefois, des illusions avortées, qui vacillaient et s'éteignaient à cet âge, il avait fini par s'habituer à ce destin de bête de somme, pour avoir le dernier bonheur de mourir le plus tard possible, dans une maison sur le sommet d'une montagne.

– J'accepte, répéta-t-il. Mais j'veux pas aller à Biarritz. J'ai horreur de la mer.

Pour Mouchot, ce monstre à la force animale fut un don du ciel. Infatigable, aguerri, doué, il le déchargeait de toutes les corvées pénibles, rebutantes, ardues, avec un tel zèle, une telle servilité, qu'on aurait pu croire que cette machine était aussi la sienne. En lui s'étaient accumulées les forces fondatrices, par la longue filiation ouvrière, toutes les puissances en germe, toute la compression millénaire des travailleurs. Des centaines de familles, toute une profonde lignée d'ancêtres tenaces, besogneux, bataillant rageusement dans le silence, avaient abouti à ce gladiateur ivre, capable de tenir debout pendant seize heures de suite. Et quand il finissait la journée, que l'atelier paraissait avoir été secoué par une tempête, il nettoyait tout, sans se plaindre, sans reculer, frottant les haras napoléoniens comme autrefois Hercule les écuries d'Augias.

La machine fut achevée trois jours avant la date de sa présentation. Le lendemain, Mouchot fit tout envoyer par un convoi spécial ordonné par le commandant et arriva à Biarritz le surlendemain, par l'allée royale d'aulnes qui surplombait la mer.

Un temps sublime avait succédé aux deux semaines d'intenses pluies. Le soleil, barbare, trouant le ciel, déversait une cascade de lumière. Mouchot installa Octave sur une vaste terrasse entre la Villa Eugénie et le belvédère, une sorte de balcon qui flottait au-dessus de l'eau, séparant l'homme et la mer. Au fond, on apercevait le bâtiment en forme de E, un bel édifice de style dix-neuvième siècle, d'une architecture simple et coquette, avec ses vingt fenêtres tournées vers l'océan, ses quatre étages et son parvis élégant auquel on accédait par trois marches ornées d'amphores qui, deux mille ans auparavant, avaient contenu le vin qu'on servait à Néron.

La démonstration était fixée à quatorze heures. Mais deux heures plus tôt, juste avant le déjeuner, les premiers curieux commençaient déjà à s'asseoir sur des rochers sauvages, éparpillés sur les récifs du littoral, de part et d'autre de la villa, d'où on pouvait apercevoir le promontoire impérial. Au bout d'une heure, des femmes se joignirent aux premiers arrivants, en apportant des coussins et des draps, des petits tabourets et des bancs en bois, car la rumeur s'était répandue qu'un événement important allait avoir lieu, sans que personne puisse dire précisément lequel. Quand une partie de l'entourage proche de l'empereur se présenta, vers quinze heures, le quai de la grande plage était déjà tellement peuplé, si bruyant de monde, qu'il fallut faire un cordon de sécurité pour laisser passer les savants de l'Académie des sciences de Paris, la bourgeoisie industrielle, des dames de cour et, parmi elles, des enfants vêtus de costumes de soie, poudrés et frisés, qui avaient insisté pour voir le monsieur-soleil. Bientôt, deux cents personnes s'étaient rassemblées autour de cette scène. Hissé aux branches des palmiers, caché sous des chapeaux à franges, des ombrelles à marquises, des abris en toile et des parasols à baleines de bois, tout le monde attendait, le visage ruisselant de transpiration.

L'empereur avait du retard. Déjà à cette époque, il n'assistait plus à la plupart des commémorations officielles, préférant se faire remplacer, et les rares fois où il se présentait, il ne restait que quelques minutes, ce qui avait fait de lui une figure presque onirique. Ce jour-là, sur le littoral de Biarritz, il y avait tant de gens qui ne l'avaient jamais vu que, lorsqu'il surgit d'une grande porte vitrée, en habit léger, sérieux comme un camerlingue, suivi en procession du commandant Verchère de Reffye et d'un chapelet de généraux de division, on crut qu'il s'agissait d'une apparition mystique et un applaudissement exalté parcourut la foule depuis la grève jusqu'aux hauteurs de la ville.

Mouchot qui, encore trois semaines auparavant, avait l'air abattu et misérable, était à présent serein et confiant. Sur l'esplanade du palais, suant à grosses gouttes sous la touffeur de l'après-midi, il se tenait devant son appareil comme un sculpteur devant sa statue. Il avait d'abord été impressionné par la foule amassée en l'espace de trois heures mais, réconforté par ses résultats à l'atelier de Meudon, il avait rapidement éprouvé une foi souterraine, une certitude imperceptible, et s'était mis à remplir lentement l'eau de sa chaudière, vérifiant les soupapes et les miroirs en pétales.

L'empereur fit un signe de la main et la démonstration commença. Mouchot exécutait chaque mouvement sans difficulté, maîtrisant la situation. Quand il mit en branle la machine, tourna les miroirs vers le soleil, l'enthousiasme des spectateurs se mua en un murmure de curiosité. Du haut des rochers, ils encourageaient Mouchot par des acclamations en basque et des chansons de corsaires. Personne ne saisissait exactement ce que cet appareil était censé faire, ni pourquoi ce savant s'agitait avec autant de minutie, mais ils admiraient avec un respect convaincu ce petit scientifique venu de loin, héroïque dans ce rôle césarien, seul devant le soleil, grandiose dans sa tentative, si bien que, chaque fois que la chaudière augmentait sa température, une bruyante ovation éclatait dans le public.

L'appareil chauffait de plus en plus vite, de plus en plus fort. Le mercure du thermomètre montait à vue d'œil. Solitaire, altier au milieu des regards avec fierté, Octave aspirait tous les rayons, concentrait toutes les forces cachées, et rien, pas une poussière dans le vent, pas un nuage fugitif, pas une ombre d'insecte, ne venait troubler ce chef-d'œuvre de feu. Cette statue de miroirs, dressée comme une mine de charbon, ce monument de soleil domptait la chaleur torride, l'asservissait, l'apprivoisait. C'était, sur la grève, la coulée blanche d'un incendie.

Les gestes de Mouchot, refaits mille fois dans son atelier, étaient désormais si bien réglés qu'il ne semblait pas à l'ouvrage, mais emporté dans une danse pyrotechnique, accourant, tirant les vannes, ouvrant les circuits, comme s'il eût jonglé avec la matière. Il observait fixement la cloche de verre qui entourait sa chaudière, en attendant qu'elle se mette à bouillir, au centre de cette fournaise, comme une bouche ouverte au vent, et il se sentait tel un bâtisseur de constellations, créant de l'énergie du néant, dans l'éclat flamboyant qui se projetait sur toute la jetée, face à la mer immense.

Au bout de quinze minutes, des premières gouttelettes commencèrent à se condenser sur la paroi de la chaudière. Une gerbe de bulles monta timidement, comme un bouquet d'étoiles transparentes. La vapeur dégagée passa par le tube à alambic, puis par la chambre à eau, entra dans le cylindre et activa, avec la seule force du soleil, la pompe Greindt. Quand le bras mécanique de la machine à vapeur fit son premier mouvement, l'assistance exulta.

Les gens se redressèrent d'un bond comme s'ils venaient d'apercevoir un mort se réveiller. Tout s'était éclairci en une seule minute : cet homme venait de mettre en marche un moteur uniquement avec la force du soleil. Il n'y avait plus de doute sur l'utilité de cet étrange abat-jour, fait de bouts de verre et de métal. Mouchot entendit un éclat de célébration, des exclamations enflammées. Il se tourna vers l'empereur, comme emporté par la fièvre collective et, au bruit des ovations, les membres de l'Académie et les industriels se levèrent. Au bout de dix minutes, toute la côte était debout, applaudissant, en regardant Mouchot, et l'empereur tendit sa canne vers le ciel : « Vive le soleil, vive Mouchot. »

Mouchot vécut là son jour de triomphe. Il descendit de l'estrade comme s'il quittait le monde d'hier pour entrer dans celui de demain. L'empereur lui posa la main sur l'épaule, les enfants voulurent le toucher, l'impératrice lui donna son bras, Verchère de Reffye ne le lâcha pas une seconde et le présenta à tout le monde.

Un groupe de savants, réunis dans le cercle privé de Napoléon III, l'invita à monter au salon de réception où les attendait un accueil mondain, et ils laissèrent derrière eux sa machine sous le soleil, souveraine et victorieuse, avec sa chaudière crachant de la vapeur, dans la journée flamboyante de Biarritz. Puis, tout à coup, comme ils la quittaient, une lueur frappa ses miroirs et illumina les vingt fenêtres du palais, la façade, les vitres du perron, habillant le belvédère d'un halo laiteux, jetant sur tout une clarté si pure, si blanche, qu'elle obligea l'empereur à se retourner une dernière fois pour la contempler. C'était une révérence finale, l'élégance d'une innovation, et tous ceux qui en furent témoins, tous ceux qui vécurent cette scène s'en trouvèrent éclairés, comme d'une aurore nouvelle.

Dès son retour à Paris, Mouchot tint parole. La première chose qu'il fit, avant de ranger ses affaires, fut de remercier Bramont avec la prime que Verchère de Reffye lui avait promise. Il l'invita à ouvrir une bouteille de chartreuse jaune et lui remit sa récompense dans une petite bourse en cuir de chevreau. Comme Bramont n'était pas un homme de discours, il ne fit qu'un seul commentaire en levant son verre :
– À Octave.
Ils finirent la bouteille. Au bout d'une demi-heure, Mouchot dormait sur la table. Bramont, en revanche, qui n'avait jamais reçu une telle somme d'un coup, s'enflamma, s'anima, s'inspira. Ivre mort, il se redressa, balbutiant qu'il était un homme de parole lui aussi, et s'élança vers la sortie, la bourse en chevreau sous le bras, afin d'aller payer deux anciennes dettes qui le pressaient depuis vingt ans. Il se dirigea, chantant comme un matelot soûl, rue de la Goutte-d'Or, pour frapper à

la porte de M. Vivien. La première dette était pour ce chapelier sournois qui l'avait autrefois dépouillé au jeu de cartes et, voyant qu'il ne pouvait pas payer, lui avait enfoncé un couteau de cuisine au fond de l'abdomen. La deuxième était donc pour le médecin qui, assis à la même table de jeu, avait dû le recoudre en catastrophe sur un tapis de cartes ensanglantées.

Une fois les deux dettes acquittées, soulagé, plus léger et plus soûl que jamais, Bramont descendit le boulevard de Clichy, se commanda trois bocks de suite à la taverne du Bagne, deux pintes au Tambourin. Il voulut fêter dignement cet accomplissement personnel, cette libération, ce nouvel homme qu'il était devenu, avec la plus belle femme de Paris. Il longea en titubant le faubourg Montmartre jusqu'au Palais-Royal, traversa la Seine au niveau du pont des Saints-Pères et remonta Saint-Germain-des-Prés jusqu'au Quartier latin où, entre rez-de-chaussée et entresols de la rive gauche, il fit la tournée des brasseries. Au Pantagruel, rue des Écoles, fréquenté par des curés et des tauliers, il se fit servir toute la nuit de l'absinthe par une ogresse en décolleté, déguisée en Alsacienne, qui l'appelait « mon p'tit soleil », puis au Sherry-Cobbler, tenu par une Joséphine, il s'enfila tant de mauvais vin qu'il confondit la jupe de la serveuse avec la redingote d'un galérien et finit au milieu du trottoir, roué de coups de bâton.

En rentrant chez lui, incapable de lire le nom des rues, il parcourut les quais pour retrouver sa route. Arrivé au niveau du bureau de navigation de Choisy, à trois heures du matin, où des dizaines de bateaux de bois de sciage et de charpente veillaient sur les berges, il résolut de dormir dans la cale d'une péniche remplie de marchandises. Mais au petit matin, il ne se réveilla pas. Le bateau remonta le cours de la Seine, passa par Mantes-la-Jolie et Vernon, traversa les sinuosités du barrage de Poses, dépassa le port de Rouen et, à l'embouchure du Havre, débarqua sa cargaison dans un énorme vraquier qui partit pour les Caraïbes. Quand Bramont se réveilla, dix-sept heures plus tard, avec une gueule de bois insensée, il prenait le large vers l'Amérique.

Au bout de trois mois, il fit escale au Venezuela. Il essaya de fabriquer et de vendre des machines solaires qui, bien que le pays ait été baigné de soleil, n'eurent aucun succès. Il travailla en tant qu'armateur, artilleur, puis intégra les cercles militaires et finit par accompagner le dictateur Antonio Guzmán Blanco dans ses campagnes andines.

Deux ans plus tard, à Caracas, il engrossa une jeune fille du bidonville de Saint-Paul-du-Limon qui mit au monde un géant, prédestiné lui aussi à un grand voyage. Quand elle lui demanda le prénom qu'il voulait lui donner, Benoît Bramont se souvint de Mouchot, de l'atelier impérial de Meudon, de la prime, de la nuit d'ivresse, et il lui sembla que cette avalanche de souvenirs n'était que le lointain mirage d'une autre vie. Alors, pour rendre hommage à la machine qui avait rendu possible cette aventure caribéenne, il répondit :

– On l'appellera Octave.

– Trop français, dit la jeune fille en tenant l'enfant dans ses bras. On l'appellera Octavio.

IV

Tout à coup, il n'était plus question du « professeur Mouchot » mais du « savant Mouchot », et la revue de vulgarisation scientifique, *La Science pour tous*, dans les derniers jours de septembre, déclara, après sa démonstration à la Villa Eugénie, que « si Franklin avait su arracher la foudre au ciel, Augustin Mouchot avait fait mieux, il lui avait arraché la force et l'avait mise gratuitement à notre service ». L'article finissait sur une innocente phrase, assez élégante, soulignant que cette fabuleuse invention manquait toutefois « d'un livre pour la soutenir ».

Mouchot oublia rapidement cette remarque. Il était occupé à répondre à une avalanche inattendue de lettres quand, une semaine plus tard, un autre journal scientifique rendit compte de la réussite de son exposition, en réexpliquant le système de la cloche de verre, le hasard d'Alençon, et finissait sur une note regrettable, constatant que cette invention manquait « d'un livre pour la soutenir ».

Cette double insistance fit réfléchir Mouchot. Il était encore entièrement absorbé par sa correspondance, par ses expériences pratiques, ne pensait pas à la théorie, et calcula que l'écriture d'un ouvrage lui prendrait trop de temps sur ses constructions. Le « savant Augustin Mouchot » ne voulait plus avoir un salaire de misère, donner des heures de cours à des élèves oisifs, habiter dans une chambre humide, porter les mêmes costumes, devoir sans cesse mendier des financements. Il fallait bâtir. Après Biarritz, la confiance gagnée d'un empereur et le soutien d'un commandant, il fallait profiter de ce coup de chance pour entrer d'un pied ferme dans le cercle privé des innovateurs.

C'est ainsi que, au milieu de l'automne, un mardi, voulant profiter des ultimes midis lumineux, il se dirigea vers les jardins de l'ancien cimetière de l'Est en costume de feutre, chargé de lourdes valises d'outillage, avec huit planches en bois et trente miroirs mobiles. À treize heures, il les disposa de l'autre côté de la clairière et, à vingt mètres de distance, installa les glaces de sorte qu'elles puissent réfléchir la chaleur sur les planches.

En deux heures, il parvint à embraser le bois, mais le feu fut si haut, si ardent, prit si vite, que lorsque Mouchot essaya de l'étouffer avec sa veste, il se brûla la paume des mains et dut passer un mois avec un bandage serré jusqu'aux coudes.

Il devait se souvenir de l'instant où le commandant Verchère de Reffye, à l'heure du goûter, apportant un bouquet de dahlias, lui rendit visite à son chevet. Il évoqua son talent, parla de la bibliothèque d'Alexandrie et du temple d'Artémis, admira ce courage de mettre son corps entre les doigts capricieux de la science. Il lui rappela toutefois, avec une certaine gêne dans la voix, que toute grande découverte avait toujours été accompagnée d'un grand livre qui la légitimait.

– Il faudrait un livre pour la soutenir, dit-il.

Mouchot ne sut pas si le commandant ne faisait que répéter ce que les journaux avaient écrit, ni s'il y avait là une conspiration mystérieuse, mais il se résolut, après une longue hésitation, à envisager une période d'écriture. Tout le mois suivant, il ne put se mettre à l'ouvrage, car ses mains étaient encore bandées. Il demeurait chez lui, ruminant en silence, n'ayant à l'esprit que cette pensée lourde, tournant en rond dans sa chambre, si bien qu'il finit par rédiger, dans sa tête, une introduction d'une étourdissante honnêteté et d'une grande simplicité technique. Dans les premiers jours de décembre, quand on lui ôta enfin ses bandages, il se mit au travail et put coucher les premières lignes avec une telle aisance, une telle fluidité, qu'il crut qu'elles lui étaient dictées par un ange assis sur son épaule.

Pendant ces mois d'hiver et de déluges, il se réfugia au fond d'un bureau qu'il aménagea avec soin, avec un lit de camp qu'il se fit installer près de la bibliothèque, et se laissa guider à travers un soleil imaginaire. De la même manière qu'il s'était jeté tête baissée dans la construction de ses appareils, qu'il n'avait pas fléchi devant l'écrasant travail de bâtisseur, il se lança dans l'écriture avec une passion frémissante et gourmande, vorace et inassouvie.

Il rassembla autour de lui les ouvrages nécessaires, les volumes et les documents, les archives et les travaux précédents. D'après ses calculs, il sut qu'il lui faudrait un peu plus de trois ans, s'appliquant tous les jours, feuillet après feuillet, avec une journée de repos par semaine, pour venir à bout de son livre. Ayant entièrement abandonné ses expériences audacieuses, il reprit toutes ses notes et passa des nuits blanches à les relire près de sa chaudière, à disséquer l'anatomie de la chaleur, s'envolant ainsi dans la rondeur des astres et sur le chemin des étoiles, voguant entre les alliages de métaux et les systèmes de valeurs, égaré dans un marécage de phénomènes inconnus et de secrets cosmologiques.

Il acheva son premier chapitre en six mois. Il rédigea ensuite en cinquante nuits son deuxième chapitre qui devint un voyage vers le passé, dressant ainsi la liste des usages du soleil chez les Arabes, les Perses, les Grecs, jusqu'à Horace de Saussure et les observations de John Herschel. D'août à novembre, il termina trois chapitres, notant le résultat de ses expériences, les influences de la sécheresse, des réflexions sur la lumière, le choix des matériaux pour les miroirs, et des recherches sur les optiques d'Euclide et d'Anthémius de Tralles. Il avait épuisé l'histoire des applications mécaniques jusqu'au commencement des civilisations, réalisé tous les calculs possibles pour la cuisson d'aliments dans des fours solaires, présagé les conséquences de ces essais pour les contrées tropicales et dressé les plans d'une pompe solaire. Tandis que l'Exposition universelle se tenait au même moment à Paris, qui devenait le centre du monde moderne, tandis que l'empereur encourageait le libre-échange et l'industrialisation, tandis qu'Haussmann transformait la ville en perçant des artères et en élargissant les places, Mouchot se couchait tôt, vêtu de sa chemise en soie à cause de sa peau sensible, en rêvant d'un livre révolutionnaire, secoué par une prophétie qu'il était le seul à croire.

La maigreur de son corps, la fragilité de sa vessie, les maux d'estomac, tout lui interdisait les repas lourds, conséquents, et l'obligeait à une diète à vie. À midi, il mangeait un bol de riz et une soupe aux herbes, mâchant lentement, dans la crainte des nœuds d'intestin, puis se remettait au travail. Il s'alimentait d'une autre source, plus enracinée, plus profonde, convaincu que le pouvoir du rêve l'avait rendu immortel.

L'Égypte, sur les bords rouges du Nil, où il pourrait élever des canaux et irriguer les plaines désertes. Le golfe de Panama, sur l'île du Roi, où l'on disait que le soleil ne connaissait pas l'ombre. Le Maroc, au fond des vallées ensablées d'Errachidia, où il pourrait installer un concentrateur de cinquante mètres de haut et alimenter toute une ville. La Thaïlande, dans la province de Rayong, où le soleil est une divinité et où les savants étaient aussi sacrés que les éléphants. Et puis, l'Algérie, française depuis 1830, où l'on racontait que les bergers vivaient comme les premiers patriarches dans des maisons ouvertes au vent, avec des jardins baignés de lumière et des balcons sur lesquels roulait le soleil. Et il rêvait, seul dans son appartement, en voyageant à travers ces syllabes ensoleillées et mystiques, songeant à ces horizons indomptables où la terre serait assez riche pour construire des machines en or.

Il mettait un point final à son livre quand, un jour, en lisant les journaux étrangers, il prit connaissance des travaux d'Ericsson de l'autre côté de l'océan. Aux États-Unis, l'inventeur suédois avait mis au point un appareil de mesure de la valeur énergétique du rayonnement solaire et avait publié un court mémoire *The use of Solar heat* où il était question de miroirs paraboliques.

Mouchot, apprenant la nouvelle, ne put dormir pendant une semaine. Toute sa primauté scientifique était mise en doute. Tout en lui fut secoué par un tremblement. Le rêve, auquel il avait aspiré, d'être le premier à donner une utilisation à l'énergie solaire, d'écrire son nom sur le mur de l'histoire, s'écroulait comme un pantin désarticulé et les articles de la presse étasunienne, unanimes et dithyrambiques à l'égard d'Ericsson, finirent par l'achever. Quand il se redressa enfin, qu'il sortit de cet étourdissement et se remit à l'écriture, il avait devant lui un nouvel obstacle et une nouvelle pente à remonter.

Mais, une fois encore, la chance lui sourit. Des journaux scientifiques américains publièrent de longs articles où ils démentirent l'existence de ces machines solaires. Dans un journal économique, il put lire ces lignes avec soulagement : « Il est faux que M. Ericsson soit parvenu à mettre le soleil en adjudication, même par lots. Nous n'en sommes pas là. Les rayons sont partout. C'est un bouquet à cueillir, voilà tout. » Mouchot s'empressa de cueillir ce bouquet. Satisfait de ce retournement du sort, il fut d'abord tenté d'ignorer Ericsson dans son livre, puis, en y repensant, il décida de le citer. Il s'empressa alors d'inclure son nom et, évoquant la longue expérience du savant acharné, il lui rendit hommage tout en déclarant : « Quand une application nouvelle est près d'éclore, il est bien rare que deux ou plusieurs personnes n'en aient pas l'idée presque en même temps. Je dois ajouter qu'un brevet d'un an pris le 4 mars 1861 pour mon récepteur solaire assure à la France la priorité de ce genre d'essais. »

Plus ou moins à cet instant, à deux mille kilomètres de distance, dans la ville de Florence, un autre inventeur, le professeur Donati, réalisa une machine similaire et, en France, l'astronome Jules Janssen publia une étude très avancée sur la perturbation du rayonnement solaire dans l'atmosphère. Mouchot eut l'intuition qu'il devait accélérer sa publication. Il ne voulut pas perdre de temps.

Il s'autorisa à prendre la première place. Après tout ce qu'il avait vécu, après tout ce qu'il avait accompli, il savait qu'à cet instant, en Europe, jamais personne n'avait été aussi prédestiné à lier son nom au soleil. C'est pourquoi, le 2 juin, quand il se rendit chez son éditeur avec le manuscrit achevé de *La Chaleur solaire et ses applications industrielles*, Augustin Mouchot eut l'impression qu'il réinventait la science.

– Demain, je publie la Bible, déclara-t-il.

Voilà où en étaient les choses lorsque la guerre éclata. Mouchot ne devinait pas qu'au moment même où il sortait *La Chaleur solaire*, à quelques centaines de kilomètres, les troupes prussiennes déjà étaient en marche pour assiéger Paris.

Entre la nuit du 18 et la matinée du 19 septembre se consumèrent des heures noires et ardentes. L'empereur avait capitulé, la Prusse mit en branle une prodigieuse avancée de ses troupes et atteignit la Seine. Au petit matin, ils avaient assiégé la capitale. Toute la population masculine adulte fut mobilisée, cent cinquante mille soldats et trois cent mille gardes nationaux subirent, sans fléchir, un siège de cent trente-huit jours. À toutes les portes de la capitale, dans les passages, le long des murs, la marche lourde et les roulements de tambours charriaient des milliers d'hommes comme une tache d'huile vers les artères de la ville. Sous les balcons, au cœur des places, des bataillons affamés, des troupes exaltées et révoltées, marchaient en tous sens, protégeaient les arrières, occupaient l'Hôtel de Ville et l'île de la Cité, neutralisaient le faubourg Saint-Antoine, descendaient les canons de Montmartre. Des gendarmes, des « rouges » et des gardes nationaux allaient et venaient dans une foule terrorisée, inquiète, qui comptait ses morts, faisait la queue devant les boucheries, craignant les pénuries à venir et la reprise des combats. Des files de femmes se formaient devant les ravitaillements des grandes avenues, des bombardements secouaient les chaumières dans les faubourgs, la rive gauche souffrait. Sur les visages, on ne lisait que fureur, crainte, angoisse. Un bourdonnement sourd émanait de ce peuple de Paris, humilié et impuissant, qui luttait pour manger, pour se chauffer, pour revivre.

Et Mouchot, au milieu de tout ça, se mêlant à la foule, pensait au soleil. La parution de son livre, sur lequel il travaillait depuis quatre ans, qu'il attendait depuis si longtemps, fut assombrie par cette « bataille du charbon ». Il jugeait cette guerre franco-prussienne comme le fait le plus grossier, le plus bas, le plus stérile, non pas parce qu'il y voyait une barbarie, mais parce qu'elle entravait son ascension vers la vérité. Selon lui, c'était uniquement la science qui devait pousser au combat, à la lutte pour la justesse, pour les villes de demain, pour la connaissance, c'était uniquement la science qui avait le droit à la guerre. Le reste n'était qu'événements fortuits, accidents de l'humanité, embûches. Mouchot ferma les yeux devant cette bataille contemporaine, si bien que ce 19 septembre, alors qu'une terreur étouffée envahissait la ville, comme le calme qui précède une catastrophe, il descendit depuis Grenelle, prit la rue de Vaugirard en direction de la Sorbonne, pour vérifier si les librairies avaient mis son livre en vitrine.

Pressé, il continua de descendre vers Odéon, en longeant le Luxembourg, dans le vacarme des troupes, sans cesse grossi par des volontaires. Puis, alors qu'il arrivait non loin des quais de Saint-Michel, il vit sur la devanture d'une petite librairie, au croisement de deux ruelles médiévales, son livre exposé.

La journée fut dramatique. Dans le sud de la ville, entre Clamart et Châtillon, tonnaient les canons d'alarme, les Prussiens pilonnaient, les chants révolutionnaires entraînaient les foules dans les avenues. Des résistances se formèrent, les Parisiens ne voulaient pas céder, et face à cette guerre affreuse qui avait tout désorganisé, face à la famine qui accablait les malheureux, face à la démence collective qui affolait les cohues, Mouchot, le long de ce trottoir gluant, planté bêtement devant la vitrine du libraire, contemplait son ouvrage avec jubilation.

Dans un tel contexte, devant Paris assiégé, au milieu d'une telle catabase, on aurait pu s'attendre à le voir prendre les armes, sortir dans la rue, construire des barricades en cuivre et, comme Archimède à Syracuse, tourner ses miroirs vers les tours ennemies pour les incendier. Mais à l'instant précis où Paris brûlait, la constance et la persévérance qu'il avait héritées de son père serrurier, le firent quitter la capitale et se terrer inébranlablement à Meudon.

Il s'enferma dans son atelier et vécut comme un ascète. Au lever, son premier réflexe, au lieu de sonder la presse, était de regarder l'aiguille du baromètre qui déterminait, au gré du temps, l'humeur qu'il aurait. Un nuage noir lui troublait sa sieste, l'abattait jusqu'au mutisme, la pluie le déprimait. Il éprouvait les caprices du climat dans son ventre, comme une boule changeante, et l'influence des saisons était devenue pour lui la seule cause de ses états d'âme.

Il habitait dans cet univers parallèle et nébuleux lorsqu'un des ouvriers le réveilla à l'aube en criant à tous les vents :

– On a proclamé la Commune.

Mais Mouchot ne se leva même pas de son lit. Il ne sortit pas plus lorsque, deux mois plus tard, l'armée régulière fusilla vingt mille communards, fit prisonnier quarante mille Parisiens, ni quand on déporta, on exila, on exécuta à tour de bras. Le pays semblait s'effondrer. Or Mouchot, le 28 mai 1871, ne pleura pas ses morts, ne s'allia pas au nouveau gouvernement. La seule chose qui secoua son esprit fut le constat d'une légère grippe, d'un mal de tête et de petits frissons qui l'empêchèrent de trouver le sommeil.

La nuit fut mauvaise. La fièvre monta à une vitesse vertigineuse. Quand il se réveilla, un feu brûlait dans ses veines, sa respiration était sifflante et un violent accès de toux l'obligea à garder le lit toute la semaine. Un jeune médecin d'Amiens, un grand roux avec des airs chevaleresques, au teint d'albâtre, lui administra de la capsaïcine en poudre pour accélérer la circulation de son sang. Un autre voulut couvrir son lit de thym et de fleurs de tilleul pour favoriser la transpiration. Un des ouvriers, qui pratiquait les tables tournantes, insista pour le faire dialoguer avec des apothicaires morts depuis deux siècles, afin qu'ils lui révélassent la cause de ses fièvres. Au bout de dix jours d'infusions d'aspérule et de reine-des-prés, de saignées par coupure au lobe de l'oreille, il avait perdu neuf kilos et on l'avait mené aux limites de la déshydratation en le faisant suer un liquide jaunâtre dont l'odeur de fleurs fanées avait embaumé le jardin du château.

Il avait perdu tout espoir de guérison quand une femme fit une étrange apparition, qui demeura dans sa vie un mystère jamais élucidé. En pleine persécution des communards, un matin ensoleillé, une silhouette furtive entra dans le domaine de Meudon par le portillon du verger, sur la pointe des pieds, sans que personne la remarquât, traversa les arcades noircies des vieilles écuries avec un pas de souris, franchit le champ de buissons et se dirigea vers l'atelier de Mouchot. Quand elle pénétra dans la pièce, il ne fut pas surpris, persuadé qu'il s'agissait d'une infirmière ou d'une sœur envoyée par quelque couvent.

– Vous venez pour me bénir ? demanda-t-il.

La femme resta longtemps silencieuse. Elle regarda autour d'elle pour voir s'il y avait quelqu'un d'autre, et comprit qu'ils étaient seuls. Elle s'assit sur le bord du lit et examina Mouchot avec un regard froid.

– Je viens pour vous guérir, répondit-elle.

Elle s'appelait Michelle René. Elle revint le lendemain avec une trousse d'apothicaire sous le bras. Elle le trouva dans son lit, au fond de l'atelier, en train de se prendre lui-même la température, guettant le choléra, et eut pitié de lui. Elle lui appliqua un cataplasme de moutarde noire sur le torse pour apaiser sa toux, lui massa les escarres coriaces sur son dos que lui avaient laissées les anciennes ventouses d'Alençon et lui malaxa les rides tendues de ses paumes sur lesquelles les brûlures de Tours avaient formé un planisphère en relief. Ses muscles se détendirent, sa tension se relâcha, et Mouchot fut si impressionné par la douceur de ses mains, par la bonté de ses gestes, par l'efficacité de ses méthodes, qu'il lui demanda de rester.

Elle dormit dans un lit de camp. Chaque matin, avec une ponctualité inflexible, elle lui apposait des compresses sur la poitrine, apportant à l'accomplissement de cette nouvelle tâche la régularité zélée de ceux qui fuient quelque chose. Et un soir, elle ferma la porte de l'atelier à double tour. Elle oignit ses omoplates de pommades balsamiques, puis, à la grande surprise de Mouchot, elle se débarrassa de ses vêtements, s'enduisit le corps d'onguents de moutarde et se glissa sous ses draps, entièrement nue.

– Vous n'êtes pas malade, murmura-t-elle. Vous souffrez simplement du même mal que tous les hommes.

Elle le chevaucha, le caracola, le badigeonna, frotta sa peau contre la sienne, et non seulement lui rétablit ses forces perdues, mais lui donna l'impression de naître pour la deuxième fois, avec une vigueur et un sacrifice dont il ne se croyait pas capable. Ils mêlèrent leurs amertumes, tandis que le monde explosait, hurlait, et que seuls demeuraient leurs souffles haletants et le bruit des feux dans la gueule des fourneaux. Mouchot connut à cet instant sa première nuit d'amour, conservée dans l'odeur persistante des haras, et le jour suivant, au petit matin, quand il se réveilla, il ne restait de cette femme enduite de baumes qu'une pièce plongée dans la pénombre et le silence digne d'une forêt.

Michelle René lui avait volé deux choses : sa virginité tardive et quelques habits. Disparue, elle avait fui Paris déguisée en savant, avec un pantalon à liseré et une veste en feutre de Mouchot qu'elle avait trouvés dans une armoire, et avait piqué vers le sud-est. Devenue homme, elle avait changé son prénom et se fit dès lors appeler Michel René.

Là où il passait, il se présentait comme un artisan malheureux. Il assurait qu'il n'était que de passage. Après Melun, Fontainebleau, puis Sens, Michel René avait été accepté dans un convoi par un groupe de caravaniers qui se dirigeait vers Genève et avait traversé les collines pelées de Saint-Florentin en travaillant comme glaneur dans les champs. À Auxerre, on l'employa à la traite des vaches et à la cueillette d'escargots. À Avallon, il fit paître des troupeaux et s'attela à la moisson. À Dijon, il fit le fauchage et la récolte des foins. Quand il atteignit Chalon-sur-Saône, cela faisait quarante jours qu'il avait quitté Paris et avait calculé que les raisins de la Côte du Jura, mi-octobre, seraient déjà arrivés à maturité. Il avait entendu que sur la route de Besançon à Lons-le-Saunier, dans ce paysage de prairies et de vignes discrètes, de bosquets de chênes et de vaches grasses, les maîtres de chais prenaient de la main-d'œuvre pour faire les vendanges.

Mais le phylloxéra avait commencé à ronger les vignes, à étancher les pieds, à vider les ceps, au point que, lorsqu'il arriva aux alentours d'Arbois, il découvrit qu'il ne restait des célèbres cépages paillés du savagnin que des parcelles abandonnées, où l'on trouvait des dépouilles de belettes séchées, brunies par le soleil, comme des écorces de liège jetées dans les clôtures.

Il demanda du travail, ici et là, prêt à tout, mais la guerre, la famine et la crise avaient ravagé la région.

Famélique, de plus en plus faible, il s'était introduit par effraction dans une grange qui appartenait à un domaine viticole près de Boissia, non loin de Lons-le-Saunier, tenu par un jeune célibataire qui se préparait pour un voyage en Californie.

Là, il s'était faufilé au milieu de la nuit, par une ouverture dans le mur en bois de la ferme, et s'était caché pendant quelques jours dans un recoin du chai. Au bout d'une semaine, affamé, il avait décidé d'attendre que le propriétaire s'endormît, puis était descendu jusqu'à la cuisine où il avait volé quelques figues fraîches. Il avait vécu ainsi quelques mois, en faisant des allers-retours clandestins dans la maison, jusqu'au jour où le jeune vigneron, entendant des bruits dans la grange, l'avait surpris.

Il ne l'avait pas chassé. Au contraire, il lui avait donné les clés de son domaine, heureux de savoir que quelqu'un y veillerait, et avait pris le large depuis Saint-Nazaire. Michelle René ne savait rien de lui. On disait qu'il n'avait jamais atteint la Californie, mais qu'il avait atterri à Santiago, au Chili, et qu'il avait changé de nom, lui aussi.

V

La situation se renversa par un mystérieux coup du sort. Deux ans après la guerre, le tumulte retomba, une république s'installa, et ce nouvel air ambiant rétablit les forces de Mouchot. La paix était revenue et, avec elle, un bonheur exacerbé et festif dans les rues. Tandis que tout le monde, dans tous les quartiers, dans toutes les villes, célébrait la fin des conflits, levait les barricades, rendait hommage aux morts illustres, reconstruisait les avenues, l'espoir monta dans son cœur comme une lente marée.

En septembre 1873, Mouchot quitta Meudon et revint à Tours. Il adressa une demande de subvention au conseil général d'Indre-et-Loire dont la lettre fut lue aux conseillers généraux. Les membres de la quatrième commission et autres experts furent invités à se rendre le lendemain, à treize heures, dans les jardins de la préfecture pour prendre leur décision mais, ce jour-là, la chaleur était telle qu'ils furent obligés d'attendre le soir pour délibérer. Une allocation de 1 500 francs lui fut attribuée.

Mouchot fit construire un four solaire et un générateur de deux mètres soixante de diamètre. Le sens de l'histoire lui était favorable. Les milieux financiers, au lendemain de la guerre, investissaient dans les ressources énergétiques. Georges Ville, passant par Tours, assista aux essais à la préfecture, en parla au préfet, M. Decrais, qui fit tout le nécessaire pour obtenir du conseil général une nouvelle subvention permettant à Mouchot de fabriquer un générateur solaire, plus grand, plus imposant, qu'il acheva deux ans plus tard.

Le 4 octobre 1875, Mouchot était parvenu à extraire du néant un appareil superbe dont le miroir, à la forme d'un tronc de cône à bases parallèles, par un beau temps ordinaire, pouvait vaporiser cinq litres d'eau en une heure. Dans la cour de la bibliothèque municipale, des centaines de personnes s'étaient rassemblées pour applaudir ce triomphe de la physique. Il eut un tel écho dans la presse qu'un hommage lui fut rendu lors de la cérémonie de distribution des prix, où Mouchot reçut la palme d'officier de l'Instruction publique. Le lendemain, dans la salle des pas perdus du palais de justice de Tours, dix ans après la démonstration désastreuse dans la cour du lycée impérial, se déroula la distribution solennelle des prix du lycée, en présence du préfet, du général, de l'archevêque, de notables et de parents d'élèves. Parmi eux, le proviseur du lycée impérial, M. Borgnet, qui avait autrefois douté de lui, qui avait hésité devant son visage obstiné, prononça un discours magnifique, où il mit en lumière l'œuvre « dont le but éminemment utile » avait non seulement illustré leur lycée, mais également le portait à croire qu'il illustrerait la France.

Stimulé par cette reconnaissance, Mouchot profita de cette palme pour solliciter, auprès du ministère, dans une lettre du 20 octobre, un congé d'inactivité avec traitement. Ces succès consécutifs, sa persévérance dans l'effort finirent par payer car, à la fin de l'année scolaire, sa nouvelle demande fut agréée. Mouchot obtint ce qu'il avait toujours voulu : un congé de son poste d'enseignant pour se consacrer entièrement à ses recherches. Le recteur de l'académie de Poitiers, M. Paul Faure, un grand brun avec une petite bouche et deux yeux comme deux noix, adressa à l'inspecteur en poste à Tours un arrêté par lequel il fixait un traitement annuel de 3 400 francs avec, en mention, 1 200 francs en congés d'inactivité.

Pour la première fois, après tous ces déménagements, il pouvait désormais aspirer à choisir son propre exil : voyager vers le sud, vers les cyprès et les châtaigniers, vers les figuiers et les oliviers, vers des pays sans hiver. Il se surprit d'avoir presque aussitôt retrouvé sa sérénité. Tout à coup, son angoisse s'éteignit, ses maux de ventre se dénouèrent, ses acouphènes s'évanouirent, la lourde migraine qu'il traînait depuis des semaines avait disparu, et tout laissa place à une évidence presque cathartique : il fallait partir en Algérie. Tous les autres rêves, toutes les autres illusions, tous les autres songes n'étaient que les brouillons de celui-ci, tout était mineur à côté de ce dernier aboutissement, seul et unique, qui devait tous les consacrer.

Il s'assit à son bureau, se mit au pupitre, ordonna ses feuilles et trempa sa plume. Il écrivit cent lettres adressées aux maires et aux gouverneurs de région, aux directions des Affaires étrangères, à un ami avocat, à son banquier de Tours, à Verchère de Reffye, au baron de Watteville, à Maurice de Tastes, et même à quelques fournisseurs de chantiers navals qui connaissaient des armateurs au port d'Alger, alors en plein réaménagement, pour lui faciliter des relations stratégiques. Vers dix heures du soir, il avait fini sa correspondance et ne tournait plus ses yeux que vers cette Algérie rêvée, ensoleillée, vers le désert baigné de lumière, comme on tourne ses yeux vers un avenir qu'on ignore et, à cet instant, pour lui, ce pays dépassait tous les autres, car il était à la fois le point le plus rapproché du soleil et le plus éloigné de son ancienne vie.

Ce fut à Semur-en-Auxois qu'il reçut la réponse. Il s'y était installé depuis quelques semaines pour veiller sur son père Saturnin Mouchot dans son ancienne maison familiale, aux murs délabrés et au mobilier noirci par le temps, dont l'entrée donnait sur une avant-cour plantée de roses blanches. Un muret séparait la rue de la maison, au milieu duquel se dressait une petite porte grillagée, souvent ouverte, ornée d'arabesques de métal représentant des feuilles de vigne. Ce fut par cette porte qu'un jeudi de pluie entra un coursier blond, haut comme une tour, au visage couvert d'une constellation de grains de beauté, qui lui remit une lettre au papier rosâtre, envoyée par l'Académie. Mouchot n'attendit pas de s'abriter sous le porche pour l'ouvrir et apprit, pendant que les gouttes mouillaient l'encre, avec un frémissement de joie, que sa mission en Algérie avait été autorisée avec des émoluments de 10 000 francs.

Cette nouvelle changea tout. Il mit dans une valise sa chaudière principale, ses carnets de notes, son certificat de brevet de l'Académie des sciences, et prépara une caravane scientifique. Deux mois plus tard, le 8 mars, vers sept heures du matin, il se mit en route pour le port de Marseille.

Il voyagea dans une voiture assez discrète, aux roues fatiguées, sans velours aux portières ni rubans aux poignées, qui cahotait en avançant. Mouchot, assis à l'arrière, serré dans un costume de flanelle blanche, comme il en avait vu dans les lithographies des officiers français d'Algérie, se fit escorter par deux ouvriers jusqu'à Vitrolles et, en queue de convoi, par neuf ânes bleus chargés d'alambics solaires et de miroirs de cuivre. Il laissa derrière lui la bruine de Tours, le cliquetis des armes, l'atelier de Meudon, son père mourant, tout ce qui l'avait accompagné pendant presque dix ans.

À chaque mètre, le soleil devenait plus fort. En dépassant Clermont-Ferrand, il n'y avait plus cette grisaille, ces nuages noirs, cette pluie acide constante. Malgré l'état lamentable des routes, une lumière intense inondait toute la campagne d'un voile doré. C'était comme si, sur les chemins de France et dans le cœur de Mouchot, le soleil se réveillait enfin. Lui qui avait toujours craint cette vie de conformité, son existence plate de professeur de mathématiques, lui qui avait fui la serrurerie de ses parents pour l'école, et ensuite l'école pour Alençon, puis Alençon pour Tours, puis Tours pour Paris, cet homme qui n'avait pas de prédilection pour l'exotisme, mais dont la quête solitaire avait toujours été le moteur, montrait aujourd'hui avec ce voyage le reflet de sa véritable splendeur.

Longeant par le nord les monts d'Ardèche, il atteignit Le Puy-en-Velay et piqua vers Valence où il fit une pause pour la nuit. À l'aube, il se dirigea vers la mer, à travers les baronnies provençales, où les passages étaient rares, les chemins accidentés, les routes dangereuses. Il coupa par les vallées, entre Alpilles et Verdon, pour éviter les marécages de la Camargue, et fut si obnubilé par la vitalité de ces paysages millénaires qu'il ne remarqua pas que sa voiture entrait par la porte nord de Marseille, après dix-neuf jours de calèche, le conduisait vers la Canebière, où il fut déposé au bout de la rue de la République qui venait tout juste d'être rebaptisée.

Ce fut précisément là, au cœur du bassin de la Joliette, au nord du Vieux-Port, qui était sans doute l'endroit le plus ensoleillé de tout le pays après la rade de Toulon, qu'Augustin Mouchot monta dans le premier bateau de sa vie. Il prit place à bord d'un navire de la Compagnie des messageries maritimes, qui partit du golfe du Lion en direction du port d'Alger. Il était si excité, si enthousiaste, qu'il en oublia sa propre valise sur les quais de la jetée, si bien que trois jours plus tard, quand des pêcheurs l'ouvrirent avec une lancette, persuadés d'y découvrir des trésors de la science, ils ne trouvèrent à l'intérieur que des livres ramollis par la chaleur, baignés dans une cire à moustache fondue.

Quand il arriva à Alger, la touffeur le gêna. À peine avait-il franchi la frontière, et posé son pied sur le sol africain, qu'il apprit qu'il était attendu, et que sa pauvre diligence et son bateau n'avaient fait que confirmer une réputation qui le précédait déjà : un génie loin de toute vanité.

La plus haute autorité de la commission scientifique le reçut comme un ministre et lui fit l'honneur de l'inviter à dîner dans les salons coloniaux. Le gouverneur d'Algérie, Alfred Chanzy, député des Ardennes, qui tenait le poste le plus élevé dans la hiérarchie politique coloniale, avait mené cent cinquante mille hommes à la bataille du Mans et s'était sauvé d'une exécution sommaire pendant la Commune, l'invita à prendre le thé sous un toit fait d'ombrelles. C'était un homme aux mains petites,

à l'humeur sombre, dont la peau avait une verdeur macabre à cause des moustiques qui, chaque
nuit, malgré toutes ses précautions, le vidaient de
son sang.

– On ne peut gagner une guerre contre un
ennemi invisible, disait-il.

En dépit de la chaleur, il était vêtu d'un uniforme de laine écrue, d'une écharpe rouge croisée
sur la poitrine et d'une épée suspendue à sa cuisse
gauche par un baudrier en or, dont la lame avait
été gravée d'inscriptions bibliques. Le lendemain,
ce fut lui-même qui installa Mouchot à Mustapha
dans une belle demeure au cœur de la campagne
algérienne, la maison la plus exposée au soleil de la
région, où tout le mobilier avait été restauré.

Mouchot fut impressionné par cette vaste maison coloniale, d'un grand luxe à la française, dont
les hautes fenêtres donnaient sur un jardin tropical.
On aurait dit que toute la végétation algérienne, ses
plantes exotiques, ses cyprès et ses térébinthes,
ses bruyères et ses arbousiers, entrait dans la pièce
style Louis XVI, avec ses moulures au plafond et ses
bonbonnières capitonnées, ses panneaux couleur
ivoire et ses tapisseries gris perle, en un oxymore
bigarré. Les draps étaient propres et neufs, les murs
replâtrés, toutes les commodes repeintes, et le
vieux jardin abandonné ouvrait, entre les enclos des

paysans voisins, près de la grande route qui menait vers Constantine, sur une large cour plantée de dattiers où Mouchot imagina aussitôt, sans avoir à forcer son imagination, des expériences pharaoniques.

Au début du printemps, libéré des contraintes protocolaires, il put commencer à travailler. Mais le mois d'avril était inclément et capricieux. Pendant les premières semaines, il dut se contenter de quelques timides éclaircies, mais insuffisantes pour mener à bien des essais. Il prit des notes sur les variations d'intensité de la chaleur, sur la stabilité du climat d'Algérie, sur les métaux pertinents pour l'emploi des lames réfléchissantes, et construisit sur commande un appareil solaire portatif, léger et démontable, qui était destiné à cuire les aliments sans combustible.

C'est avec cette machine, dans les derniers jours d'avril, qu'il prit la route pour un périple d'exploration. À chaque étape, il testait son matériel et effectuait diverses expériences, comme un voyageur de commerce, présentant ses inventions dans les différentes garnisons, ainsi qu'aux notables arabes locaux. À la Mitidja, voyant la situation des agriculteurs algériens, il adapta son récepteur solaire à certaines pompes, en facilitant ainsi dans les campagnes la distribution des eaux pour les irrigations ou les assèchements. Sur le pic d'un mont, à cinq heures du matin, sous une température de zéro degré, Mouchot servit un café chaud à ses guides en moins de temps qu'en pleine canicule à Paris. Un jour de tempête de vent, sa machine donna les mêmes résultats que ceux qu'il avait recueillis en ville, par un ciel clément, et il put constater, avec un naïf orgueil, que son concentrateur solaire ne craignait pas davantage les orages de chaleur d'Afrique que les hivers froids européens.

À Biskra, un jeudi, au milieu de l'après-midi, quand les guides voulurent abattre un olivier qui poussait entre deux rochers pour cuire un mouton, Mouchot fit une démonstration étonnante et, actionnant sa machine transformée en cocotte solaire, obtint une cuisson si rapide de la viande que les guides en parlèrent pendant toute la traversée. L'un d'eux s'exclama même :

– Je ne savais pas qu'on pouvait manger de la lumière.

Il gagna bientôt Batna, par les montagnes de l'Aurès, en huit jours de mulet. Le sable luisait comme de la neige et ce monde fabuleux, au cœur du désert, lui faisait l'impression d'un gigantesque réflecteur de cuivre. Mcouneck, Bassira, T'kout, les villages se succédaient avec une puissance onirique, au milieu de sites majestueux, d'un caractère si noble et si digne que Mouchot pensa qu'il aurait pu être ici un autre homme. Il commença des « Expériences de vulgarisation » pour captiver l'attention des Arabes. Comme un missionnaire infatigable, il fut accueilli partout avec les honneurs dus à un homme de son envergure, tantôt par les chefs de tribu, tantôt par les paysans, apportant ce qu'il voyait comme la nouveauté et le futur. Mais il ne vendit pas une seule machine. Personne ne lui proposa de financer un atelier de fabrication, personne ne lui signa de contrat d'exploitation.

Il sut qu'il devait aller plus loin. Un matin, un guide évoqua le sommet du mont Chélia, là où le soleil était le plus ardent. Mouchot décida de s'y rendre.

Il prit la route vers l'est. Il traversait un village qui sentait le lait de chèvre, accompagné de quelques guides berbères, consultant ses cartes, lorsqu'un enfant de dix ans aux pieds nus, avec des yeux comme deux émeraudes, sortit de nulle part, le fit descendre de son cheval et, avec des gestes pressés, lui demanda de le suivre vers une cabane en contrebas du village. Il insista tellement que Mouchot se laissa conduire jusqu'à une sorte de tente en toile de laine où se tenait, au centre, assis sur des poufs piqués de boutons rouges, un beau cavalier barbu, aux épaules massives et au nez droit, un fusil croisé sur le torse, qui serrait dans sa main une lettre du gouverneur qu'il tendit à Mouchot. Dès qu'il l'ouvrit, le papier exhala un effluve d'épices mélangé à un parfum de bouse.

– Le gouverneur m'envoie pour vous escorter jusqu'à Alger, lui annonça le cavalier.

Mouchot lui répondit qu'il n'avait pas le temps. Mais le cavalier, sans même avoir pris la peine de se lever de ses poufs, lui coupa la parole :

– C'est une affaire qui ne peut attendre.

Deux jours plus tard, vers quatorze heures, Mouchot fut déposé par le cavalier devant la porte du gouverneur. Il fut accueilli à l'entrée principale par un jeune garçon en djellaba aux couleurs vives, à la peau cuivrée et aux cheveux noirs, qui lui demanda de le suivre dans les galeries de la maison. Mouchot s'engagea dans la pénombre d'un long corridor orné de panneaux fermés, taillés d'arabesques baroques, au moment où le muezzin chantait la prière sur la plus haute galerie du minaret. Le couloir était si sombre qu'il dut suivre de près le jeune garçon et ne put se repérer que par le reflet des rares rayons de soleil sur les dinanderies accrochées aux murs, jusqu'à atteindre une large antichambre qu'un puits de lumière, décoré d'oiseaux en stuc, éclairait depuis le plafond. Lorsqu'il entra, le gouverneur leva les yeux

et, le reconnaissant, lui adressa un signe enthousiaste de la main pour l'inviter à s'asseoir.

– Mouchot, s'exclama-t-il, vous êtes chez vous.

Il lui fit servir un thé exquis de cyclamens de son
propre jardin, de couleur rose foncé, et des biscuits
à la noix de coco, en forme de cornes de gazelle,
faits par un pâtissier breton, réservés habituellement aux délégations ministérielles et aux invités
de haute volée.

– Vous avez fait un long voyage. Reposez-vous.

Tout l'air de la pièce était imprégné d'une odeur
de beurre et de fleurs infusées. Or, parmi ces
effluves perçait un relent d'étable, le même qu'il
avait remarqué en ouvrant la lettre dans le désert.
Le gouverneur s'expliqua : la nuit avait été un four,
les bassins du jardin avaient attiré tous les insectes
abrutis par la chaleur et, au milieu de son sommeil,
il avait dû ordonner qu'on brûle de la bouse fraîche
pour chasser les essaims de moustiques qui s'abat-
taient sur lui.

– Dans un siècle, ils vont finir par nous expulser
du pays, dit-il en ricanant.

Puis, l'air léger, il en vint au fait, sans détour ni
introduction.

– Je vous ai fait venir ici pour vous demander une chose importante. Seriez-vous prêt à être
notre homme ?

Mouchot ne comprit pas. Le gouverneur clarifia :
– À l'Exposition universelle.

Il lui révéla aussitôt les conditions. Il s'agissait de représenter le Pavillon algérien en construisant le plus grand récepteur solaire au monde. Il devait être fabriqué avant le 1er mai, pour pouvoir entrer dans le catalogue de l'Exposition de Paris.

– Connaissez-vous la société Mignon et Rouart ?

Le gouverneur n'attendit pas la réponse de Mouchot.

– Ils pourront vous fournir ce dont vous avez besoin, trancha-t-il.

Il lui serra la main avec effusion, tandis qu'il le raccompagnait jusqu'à l'entrée de son antichambre. Il répétait « nous avons trouvé notre homme » avec un sourire. Puis, avant de fermer la porte sur lui, persuadé d'avoir fait le bon choix, il lui offrit un dernier biscuit.

– Merci d'avoir spontanément accepté, lui dit-il. Un navire part demain matin pour Marseille.

Mouchot le quitta, sans avoir rien compris. À la sortie de la maison, le cavalier attendait toujours, assis à l'ombre d'un toit de tuiles, et insista pour le raccompagner chez lui. Mouchot le remercia, mais assura qu'il préférait marcher seul. Il disparut dans les galeries sinueuses de la médina et se laissa entraîner par la cohue, s'attardant devant les étalages d'épices, étourdi par les crieurs autant que par la proposition du gouverneur. Il attendit que la chaleur eût baissé pour traverser la grande place. Déjà les chaises étaient dehors, sous les petits porches des maisons, où s'asseyaient les matrones pour discuter au crépuscule. Les arbres exhalaient le parfum des premiers mimosas et, le lendemain, ce fut cette même senteur qu'il huma sur le navire qui le ramenait en France, quand il laissa derrière lui le port d'Alger. En voyant les côtes s'éloigner, il eut le soupçon secret qu'il reviendrait, tôt ou tard, pour gravir le mont Chélia.

VI

La première chose que fit Mouchot en arrivant à Paris fut de se rendre au 137 boulevard Voltaire, là où la société Mignon et Rouart était établie depuis dix ans. Henri Rouart avait été un des premiers à s'intéresser à la poste par tubes pneumatiques, au moteur à gaz, mais aussi aux chambres froides dont il gardait une fierté particulière, puisqu'il avait fourni celles de la salle de conservation de la morgue, quai de l'Archevêché. Boulevard Voltaire, ayant déjà entendu parler de lui, Rouart reçut Mouchot avec enthousiasme dans une grande pièce bruyante, remplie d'objets hétéroclites, où l'on sentait une odeur d'acier fondu et de braises froides, comme dans la gueule d'une mine de fer. Dès son arrivée, une complicité d'inventeurs se noua entre eux, faite chez Mouchot d'une inspiration ardente pour cet homme qui étudiait le froid, et chez Rouart d'une sincère sympathie, mêlée de considération, pour ce professeur obsédé par le chaud.

Rouart travaillait à cette époque avec le célèbre céramiste Émile Muller, un homme élégant, aux mains d'argile et au caractère généreux, qui était toujours accompagné de son secrétaire, Abel Pifre, un garçon au nez en bec d'aigle et au regard de feu, avec la peau blanche de ceux qui évitent le soleil, et jamais Mouchot n'aurait imaginé, en posant les pieds au 137 boulevard Voltaire, qu'il ferait avec ce jeune centralien une des rencontres les plus cruciales de sa vie.

À cet instant, il avait besoin d'un associé. Depuis son retour en France, il cherchait quelqu'un qui puisse établir des dossiers de dépôt de brevet, trouver des commandes, gérer les droits de propriété, réduire les coûts de fabrication, organiser des démonstrations en des lieux stratégiques, mais surtout qui se tienne à ses côtés pour présenter, lors de l'Exposition universelle de 1878, le plus grand appareil solaire du monde. Il avait d'abord pensé à Rouart. Or, lorsqu'il fit la connaissance d'Abel Pifre, il sut aussitôt qu'il était l'homme qu'il cherchait. Mouchot, dont la santé à cette époque déclinait encore, devait se souvenir toute sa vie comment il l'avait aperçu ce jour-là, à l'étage, debout devant le bureau de Rouart, droit, assuré, la poitrine solide comme un jeune rhinocéros, et, dès l'instant où il parla, il eut la certitude immuable d'être en présence d'un homme qu'un grand destin attendait.

Ce fut pendant cette rencontre, alors que Rouart et Muller s'étaient éloignés, qu'Abel Pifre s'approcha de Mouchot et lui demanda, sans timidité :

– Pourriez-vous m'expliquer votre machine comme si j'avais huit ans ?

Mouchot s'exécuta avec ravissement, flatté de cet intérêt soudain. Abel Pifre était alors un garçon de vingt-cinq ans, rasé de près, de taille moyenne, avec des épaules élégantes et des mains fines, un visage respirant la santé et la confiance en soi, et la puissance dans la voix d'un homme de quarante ans. Il avait dans son expression une insolence joyeuse, comme celle des bourgeois bien nourris. Des cheveux châtains et bouclés ombraient un front parfait, et deux épais sourcils masculins prêtaient à ses yeux cette double vigueur de ceux qui, tour à tour, troublent les femmes et sont jalousés par les hommes. L'énergie naturelle de son âge dilatait, par contraste, la sérénité de sa maturité. Il donnait une impression de calme, cet air que confère le caractère à ceux qui savent le dompter, et son regard, insistant sans être indiscret, avait ce je-ne-sais-quoi qu'on remarque chez les magiciens ou les hommes de foi.

Nul ne sut jamais vraiment comment Abel Pifre en était arrivé à s'intéresser à l'énergie solaire, ni pour quelles raisons il s'était autant investi dans cette chimère, alors que tout le prédestinait à une existence oisive de rentier. Il aurait pu ne pas travailler une seule heure dans sa vie, car il tenait de ses parents une fortune solide, constituée par rebonds de mariages avantageux entre propriétaires, qui lui avait permis de vivre jusqu'à maintenant sans lever le petit doigt. Or, le jeune Abel Pifre, qui avait grandi comme un prince turc dans une maison située à Champniers, en Charente, entouré de cinq domestiques à son service, s'était très vite montré curieux de tout. Il avait développé une telle vivacité d'esprit qu'au lieu de le destiner au métier de notaire comme son frère, son père lui fit intégrer l'École centrale des arts et manufactures, dont il sortit premier de la promotion 1876.

Il devint scientifique, sans pour autant renoncer à sa vie de rentier, et paraissait ne pas séparer ces deux arts de vivre, trouvant dans l'un ce qui lui manquait dans l'autre. Trois jours après la cérémonie de remise de diplôme, il accepta le poste de secrétaire d'Émile Muller, son propre professeur à Centrale, un céramiste allemand qui avait fondé une entreprise de construction industrielle à Ivry-sur-Seine. Il apporta des améliorations dans les compositions en grès, assembla lui-même des sculptures, forma de jeunes apprentis et des compagnons, et mit tant de zèle à accroître la renommée de l'atelier Muller qu'on alla jusqu'à dire qu'il paverait de céramique tous les murs de la ville. Mais Émile Muller, bien qu'il eût promis à Abel Pifre un avenir prodigieux dans l'industrie, avait déjà un fils, un repreneur assuré, une entreprise florissante, et Pifre sentit qu'il n'y avait pas de place pour s'épanouir. Il lui fallait un nouveau projet, une nouvelle conquête.

Aussi, lorsqu'en mai 1877, alors qu'il était dans le bureau de Rouart avec Émile Muller, un homme se montra en sentant la solitude du désert, les yeux pleins de sable et de promesses, en évoquant des machines solaires qu'il présentait comme les quatre Lunes de Jupiter, Pifre y vit un signe.

Le hasard de cette rencontre décida de son avenir. Ce jour-là, excité par la brève démonstration de Mouchot, il rentra chez lui, apporta des améliorations, fit des retouches et, par un soir de tempête, n'ayant rien à perdre, il se dirigea vers l'atelier de Meudon et entra par la porte du haras sans se faire annoncer. Il se planta devant Mouchot et lui déroula dix feuillets de plans.

– Vous êtes un génie, dit-il, mais il vous manque quelque chose.

D'abord, Mouchot le trouva arrogant. Il jeta un coup d'œil rapide aux planches et jugea la main lourde, le trait maladroit, l'écriture grossière. Mais lorsqu'il se pencha avec plus d'attention, il fut conquis par les ruses imperceptibles et brillantes que ce jeune centralien avait apportées. Les astuces mécaniques dont il avait entouré sa machine corrigèrent à ce point certaines lacunes qu'Abel Pifre, voyant la surprise sur le visage de Mouchot, osa enfin exprimer ce qu'il était venu lui dire.

– Je viens partager le soleil avec vous, conclut-il avec assurance.

Mouchot ne répondit rien. Il observa prudemment ce jeune prodige et, en le voyant debout devant lui, les mains tachées d'encre, le regard déterminé, il lui sembla faire un saut de dix ans en arrière, le jour où il s'était dressé devant le proviseur Borgnet, son brevet d'*héliopompe* à la main, pour lui proposer une démonstration dans la cour de son lycée. Pourtant, Mouchot se rendit bien compte qu'il venait de faire la connaissance à cet instant de son parfait opposé. Abel Pifre avait tout ce qui lui faisait défaut. Il parlait sans hésitation ni tremblement. Il marchait droit, le menton haut. Sa veste était toujours serrée à la ceinture, ouverte sur la dentelle de son jabot, retenue par d'élégants boutons de manchette qui laissaient voir la finesse de ses poignets. Son pantalon avait la raie du milieu pliée au cordeau et descendait jusqu'à de luisantes bottines vernies qui le forçaient à marcher lentement, avec une distinction délicate. Coquet, intelligent, il ne portait que des cravates de mousseline, des chemises en toile de batiste, et une canne au pommeau orné d'un soleil qui donnait à tout ce qu'il faisait un caractère étincelant. Il parlait comme il faut, en homme ayant vécu. Sa conversation était pétillante, parsemée de mots anglais comme s'il revenait de voyage, ornée de plaisanteries savantes et de légèretés pudiques, si bien que, lorsque Mouchot le rencontra pour la première fois, il pensa qu'Abel Pifre était ce en quoi le soleil, s'il s'était fait homme, se serait incarné.

Mouchot fut d'abord tenté de refuser cette aide providentielle. Il eut tout de suite le sentiment que ce garçon lui volerait, non seulement ses idées, mais aussi sa lumière. Or, l'instinct de vieux renard qui, comme une boussole dans une forêt, guide tout savant, le fit changer d'avis. Il avait conscience de son manque de charme. Il savait que son port fébrile et maladif n'était pas bâti pour la presse et les honneurs, pour la popularité et le clinquant, et qu'aucune médaille ne pourrait glorifier sa poitrine efflanquée. Il savait que sa parole, hésitante et confuse, qui trébuchait à chaque mot et tremblait dès qu'il élevait la voix, n'était pas faite pour attirer les masses et déclamer de grands discours, mais pour calculer en murmurant, pour compter à demi-mot, pour mesurer en silence. En observant Abel Pifre, il ressentit malgré lui un frisson de fascination pour ce pôle antagonique, pour le majestueux, l'olympien, le furieux. Mesurant la situation à son avantage, il se résolut à se laisser entraîner par une de ces affinités qui unissent les natures contraires, et lui serra la main.

– J'accepte.

Ce dernier mot fut prononcé avec la même force que celui de Benoît Bramont avant le succès de Biarritz. Mouchot exigea de conserver le titre d'inventeur exclusif, ce à quoi Pifre consentit. Ils signèrent le contrat d'exploitation et, rapidement, les deux hommes fourmillèrent d'idées.

Pendant cette période, la collaboration Mouchot-Pifre fut extrêmement fructueuse. Ils déposèrent non seulement de nouveaux brevets d'invention, mais aussi des évolutions concernant l'emploi de réflecteurs formés de plusieurs zones superposées, ainsi que des croquis de mécanismes d'orientation du récepteur. Bientôt, Pifre conçut, sur des bases nouvelles, la disposition des miroirs du moteur thermodynamique et Mouchot, reprenant tous les croquis de ses dernières années de recherches, lança les premiers plans d'un appareil de grande puissance pour l'Exposition universelle. Cette machine, qui devait connaître un destin merveilleux et tragique, et qui produisit, devant une foule de scientifiques et de savants, un débit de cent quarante litres de vapeur par minute, n'avait rien à voir avec celle que Mouchot avait présentée à Biarritz.

Le chantier fut dantesque. Ils érigèrent une sorte de monstre sublime, qui disparaissait sous une complexe architecture de miroirs en écailles, un empilement de plaques comme une cuirasse médiévale, un hérissement de tôles boulonnées, d'où sortait au centre un vaste entonnoir, un abat-jour renversé, garni à l'intérieur de feuilles métalliques qui encerclaient un récipient d'eau. Il fallut faire appel à une dizaine d'ouvriers qui travaillèrent pendant deux mois, sans relâche, sous une halle d'atelier au sol de sable, pour construire cette chaudière, coiffée de son cône d'argent, assez grande pour y asseoir six adultes.

Elle était entourée sur ses flancs de tout un tuyautage qui entretenait un dialogue continuel avec une machine à vapeur qui actionnait, sous une pression constante d'environ trois atmosphères, une pompe capable d'élever deux mille litres d'eau par heure. Depuis la tête jusqu'au ventre, un squelette d'armatures froides retenait le corps premier, servant de support aux conduites d'eau et au coffre à vapeur. Les ouvriers œuvraient en silence, tandis que Mouchot et Pifre agençaient astucieusement ces viscères d'acier dont l'incroyable ensemble, au milieu d'un tintamarre de bourdonnements et d'outillages, prenait la silhouette d'une divinité barbare. Les résultats des premiers essais furent prometteurs et, le 28 avril, après un an de travail acharné et à trois jours de l'inauguration, sous les toits de ce hangar, Mouchot et Pifre purent enfin admirer l'appareil achevé qui ressemblait désormais à un géant assis, aux muscles colossaux, dont l'intestin avalait du soleil pour recracher de l'énergie.

– Ce n'est pas une machine, dit Abel Pifre à Mouchot. C'est un cyclope.

L'Exposition universelle de Paris s'ouvrit le 1er mai 1878. Des fortunes inimaginables furent dépensées pour hisser cette date à une dimension titanesque. Pour l'inauguration, on avait construit l'hôtel Continental et le théâtre Marigny, des fontaines Wallace et des pagodes chinoises, et le nouveau palais du Trocadéro, une rotonde hallucinante à colonnes étendue de deux minarets, majestueuse au sommet de la colline de Chaillot, d'où émanaient continuellement les sons mélodieux d'un orgue de Cavaillé-Coll. Banquiers et rentiers s'aventuraient de l'autre côté de la Seine, franchissant les portes de l'École militaire, attirés par la cohue de la galerie du Travail où des êtres aux costumes bariolés soufflaient des perles de Margarita, des enfants en kimono gravaient des idéogrammes sur des écailles japonaises, des hommes aux barbes tressées sculptaient des pipes en écume de mer, des jeunes filles polissaient des boutons de nacre du Pacifique, et des femmes portant des robes en peau de yack, amenées par la compagnie des Indes, parlant une langue plus ancienne que la formation des montagnes, brodaient des châles de Katmandou en chantant des romances hindoues.

Lorsqu'on ouvrit les portes de la grande halle, le siècle semblait être à son sommet. Des millions de spectateurs découvrirent avec hébétude la tête de la statue de la Liberté, qui huit ans plus tard serait offerte aux États-Unis pour contempler éternellement la baie de New York, où l'on pouvait pénétrer pour quarante centimes, ce qui faisait dire aux visiteurs : « La liberté a la tête creuse. » Le 3 mai, de grands cris d'étonnement et des applaudissements frénétiques s'entendirent depuis l'Opéra quand le Russe Jablochkoff, grâce à trente-deux globes de lumière, illumina une des artères de la capitale avec des lampadaires munis de six bougies capables d'éclairer durant une heure et demie.

Mais ce qui entraîna le plus de curieux, le grand succès de cette exposition, fut sans doute la première machine à glace. À côté du moulin Toufflin, dans un vaste établissement, la maison Pictet avait installé un système complexe d'engins policés, blancs, dont les cuves métalliques, reliées les unes aux autres par des pistons d'acide, les faisaient ressembler à des chênes enneigés. Un bel homme à la barbe fine et aux yeux de tigre, un certain Raoul Pictet, qui revenait tout juste d'une expédition scientifique en Égypte, fit devant une foule éblouie une démonstration de sa récente découverte qu'il jugea lui-même aussi importante que la domestication du feu. Après avoir actionné une lourde machine d'où émana un intense parfum de soufre, il tourna des manivelles, monta sur des échelles, ferma des tubes et, au bout d'une demi-heure, en sortit un bloc de glace, gros comme un melon, lisse et élégant, auréolé de légères traînées de vapeurs blanches, qui jaillit de la gueule de la machine comme s'il avait été taillé par un orfèvre.

Raoul Pictet, fier et digne, fit passer son bloc de glace de main en main, accompagnant les exclamations d'une multitude de remarques savantes, expliquant que sa machine était capable d'en produire vingt-quatre tonnes par jour, et personne ne put véritablement comprendre comment cet homme était parvenu à sortir du ventre de ces cuves ce diamant gelé, d'une pureté cristalline, qui paraissait venir directement du cœur d'un iceberg.

À quelques mètres de là, sur les pentes de la rue Magdebourg, les passants qui remontaient la Seine et traversaient le pont Alexandre-III pouvaient voir, accoudés au Pavillon d'Algérie, sur une petite bosse naturelle, une série de chaudières de toutes tailles montées sur trépied, des bocaux de verre et des récipients vitrés. Là, au milieu des pagodes luxuriantes et des fontaines de marbre, une timide figure effacée, un homme d'une cinquantaine d'années, au teint bruni par le soleil d'Algérie, à la silhouette fatiguée et aux manières anxieuses, exposait timidement le plus grand miroir du monde.

Le premier jour, Mouchot fit bouillir de l'eau presque instantanément, devant un cercle restreint qui s'était rassemblé autour de lui, et réalisa une distillation. Mais cela n'attira personne. Le lendemain, il essaya de reprendre ses idées de cocotte solaire et fit cuire un gigot en un quart d'heure au soleil. Mais la presse n'en fit aucun cas, n'y voyant qu'une expérience inutile, sans valeur pratique.

Cette promesse d'un avenir industriel était utopique, car l'énergie du soleil ne pourrait jamais rivaliser avec la combustion du charbon.

La mauvaise chance ne quitta pas Mouchot. Les nuages étaient bas. Le temps, peu clément. Mais tandis qu'il s'obstinait à répéter les mêmes expériences, Abel Pifre, à l'esprit plus cocasse, plus moderne, comprit qu'il ne suffisait pas d'inventer : il fallait surprendre. Les gens voulaient dorénavant assister à des exploits éblouissants. Des algèbres nouvelles. Des prouesses qui défiaient les lois de la physique : un globe céleste de soixante mètres, des ballons captifs pouvant survoler la ville, un trottoir roulant qui promenait les hommes à une vitesse prodigieuse, la première machine à écrire et le premier télégraphe.

Abel Pifre pensa à Raoul Pictet. La queue devant son pavillon ne faiblissait pas. On repartait avec des glaces à la main. On amenait les enfants. On en parlait sans cesse. Abel Pifre se présenta un matin et assista à une démonstration. Le morceau de glace, sorti de l'appareil brûlant, le bouleversa. Il jugea que l'invention de Pictet, au milieu de toutes les autres, affrontait avec une arrogance fascinante les travaux de la nature et dépassait les limites de la science. Un soir, au troisième jour de l'exposition, alors que Pictet étudiait dans son pavillon porte close, Pifre entra par la petite porte, monta sur l'échafaudage où l'inventeur faisait de derniers agencements, et se planta devant lui, devant ce poète du froid, à la fois intrigué et intimidé, comme il l'avait fait autrefois devant Mouchot, avec une seule phrase aux lèvres :

– Pourriez-vous m'expliquer votre machine comme si j'avais huit ans ?

Raoul Pictet ne fut pas surpris. En homme intelligent et généreux, il prit le temps de lui dérouler le mécanisme complexe qui lui avait permis de congeler la matière. Alors que le crépuscule tombait lentement, dans la chaleur épaisse des cuves noires, il fabriqua sous ses yeux un bloc de glace si blanc, si limpide, si pur, que Pifre crut qu'il s'agissait d'un tour de magie. Il passa la nuit à réfléchir, obsédé par cette idée du froid maîtrisé, s'endormit au bout de quatre heures de méditation, encore tout remué de ce qu'il avait vu, et rêva à des géants d'acier qui, lui ouvrant leur poitrine, lui exhibaient à la place du cœur des mangues de glace. Au réveil, tout cela lui parut à la fois si évident et si irréalisable qu'en début de matinée, quand il retrouva Mouchot sur la pente de Magdebourg, il lui posa une main rassurante sur l'épaule et lui dit :

– Nous allons refroidir le soleil.

L'événement eut lieu le jour même. Abel Pifre réapparut subitement dans l'après-midi, accompagné de Raoul Pictet et de trois jeunes garçons aux épaules chargées de cuves et de tuyautages. On plaça deux grandes estrades au milieu de la rue et, sur cette scène aux élans mirifiques, on relia la machine à glace de Pictet à celle de Mouchot. L'installation n'avait rien d'étonnant, si bien qu'au début personne n'y prêta attention, car on ne voyait pas précisément ce que ces deux appareils contraires pouvaient produire ensemble, mais quand on eut fini de tout disposer, Abel Pifre s'avança avec solennité devant une foule rassemblée et prit la parole :

– Mesdames, Messieurs, c'est le soleil qui, fécondant la terre par ses rayons, fournit aux moteurs animés la nourriture, source de toute leur énergie. C'est lui qui, provoquant une évaporation à la surface des mers, remonte à leur source l'eau des rivières et alimente nos moteurs hydrauliques. Le vent n'est aussi qu'une conséquence des troubles que la chaleur apporte dans l'atmosphère. Enfin, la houille et le charbon, ces éléments mêmes de la machine à vapeur, sont encore le produit d'une végétation luxuriante dû à son action antérieure et emmagasiné dans le sol.

Il fit une pause.

– N'est-il pas naturel, continua-t-il, puisque c'est aux rayons que nous devons l'énergie répandue sur la terre, qu'on ait pensé à puiser à la source même qui la fournit ?

Il y eut un grand silence qui préfigurait l'annonce d'un prodige divin. Tandis que Pifre parlait, Mouchot installa le tuyau pour remplir la chaudière d'eau. Il ne portait qu'un simple complet en coton et était coiffé d'un chapeau à tresse. Il avait encore la figure du classique professeur de mathématiques d'un collège de province, mais la pesanteur des choses vécues, la gravité conquise de ses traits, la ténacité de son obsession avaient érodé son visage jusqu'à lui donner un air savant, un profil de scientifique acharné qui rehaussait sa force. Il déposa délicatement la cloche de verre, tourna les miroirs paraboliques, fit pivoter la manivelle. Abel Pifre conclut :

– Mesdames, Messieurs, permettez-nous de vous démontrer que le soleil peut aussi produire son contraire : de la glace.

Cette phrase arracha les premiers applaudissements. La température de l'eau monta dans la chaudière, la vapeur passa par le tuyau, actionna la machine à vapeur qui, à son tour, mit en branle l'appareil à glace. En quelques minutes, les trois machines amorcèrent un dialogue parfait, une synergie incroyable, et de l'intensité de la chaleur sortit un morceau de glace, dur et froid comme une pierre précieuse, qui laissa les spectateurs ébahis. Pictet prit le bloc dans sa main et le donna à Pifre qui le leva sous les acclamations, comme il l'aurait fait d'un trophée, serré dans son poing, sous des ovations furieuses, et Mouchot ressentit à cet instant l'émotion interdite d'un déicide. Trente ans plus tard, dans sa chambre poussiéreuse de la rue de Dantzig, il devait encore se souvenir de cet après-midi mystérieux et onirique, et longtemps il se demanda, dans ses pensées les plus audacieuses, si cette scène avait réellement existé.

L'histoire du bloc de glace arriva jusqu'aux oreilles du commissaire, dans les hautes sphères de l'Exposition. Elle eut un tel retentissement qu'on invita le binôme Mouchot-Pifre à donner une conférence dans le grand auditorium du palais du Trocadéro, une salle pharaonique aux grandes verrières, ornée d'armoiries et de tapisseries, garnie de sculptures et d'ottomanes en soie, devant une foule de députés, de généraux, de sénateurs, de négociants, mais aussi devant le baron de Watteville, dont l'illustre famille faisait remonter sa généalogie jusqu'au siècle des seigneuries. Incapable de parler face à un tel public, Augustin Mouchot demanda à

Abel Pifre de s'occuper de l'intervention. Bien qu'il ait déjà effectué deux démonstrations devant l'empereur, il n'avait toutefois rien perdu de sa timidité pathologique et l'idée de devoir s'adresser à des barons et des commissaires le terrorisait.

Mais Abel Pifre, connaissant Mouchot, avait tout préparé. C'était comme si enfin toute l'attente qu'il avait vécue depuis cette première rencontre avec lui prenait ici sa dimension la plus aboutie. Ce jour-là, sachant qu'il parlerait, il avait ciré sa moustache au millimètre et s'était coiffé de côté en dégageant son front nacré. Il portait sur la pommette droite une lorgnette d'écailles de tortue qu'il braquait pour deviner les derniers rangs, et un pourpoint bleu à boutons d'or, taillé par les habilleuses de l'Opéra de Paris. Ainsi vêtu comme un prince, il s'était levé sur une haute scène devant la salle remplie de patrons de sociétés exploitantes énergétiques, de financiers et de chefs d'entreprises, et ses premiers mots imposèrent un silence immédiat.

La pièce froide et murmurante, où l'on bavardait encore en tirant les chaises et en fumant la pipe, s'apaisa d'un coup par sa présence troublante. Toute la pression des journées précédentes, où il avait fallu arracher à l'auditoire son attention, toute la tension accumulée de la foule, dans laquelle il avait fallu batailler, montèrent en lui avec une force furieuse et le rythme de ses premières phrases fut si juste, si pertinent, qu'il se transmit comme un courant. À partir de cet instant, plus rien ne se dressa entre lui et son public. Quand Mouchot entendit qu'il le présentait avec des adjectifs laudatifs, il ne reconnut pas sa voix. Elle n'avait plus le ton d'autrefois, celle que le vieux savant connaissait, pleine de petites coquetteries et de paroles gracieuses. Elle était à présent plus grave, plus sérieuse, et sa musique était ensorcelante. Des chiffres et du lyrisme, des résultats concrets et des envolées poétiques, des anecdotes pour alléger et des prévisions raisonnées, tout paraissait avoir été pesé, calculé.

Parfois, au milieu d'une phrase, en plein discours, il laissait flotter un silence que personne n'osait briser, et il le maintenait ainsi quelques secondes, dans un souffle tendu, avec le poing fermé, comme s'il serrait dans sa main un oiseau, puis lâchait un mot vers la foule qui acclamait ce trait d'esprit. En l'espace d'une heure et demie, il fut interrompu quarante-sept fois par des applaudissements et des ovations. Le cou fort, le torse tendu en avant, beau comme un bouc furieux, il était si plongé dans son rôle, si envoûté par la tâche qu'on lui avait confiée, qu'il entraînait avec lui toute l'assemblée, et lorsqu'il levait le doigt au ciel pour donner de la hauteur à une phrase, tout le monde dans la salle levait secrètement le sien en imitant son geste.

La conférence reçut un accueil brusque. En quelques jours, le couple Mouchot-Pifre se plaça devant un triomphe inattendu, au centre de toutes les conversations. Le 31 octobre 1878, le jury leur remit, sous la coupole du palais du Trocadéro, la médaille d'or de l'Exposition universelle, une grosse médaille sculptée par Eugène-André Oudiné, sur laquelle on pouvait voir le Champs-de-Mars en bas-relief et une femme représentant la république couronnant deux allégories.

Or, un homme caché dans la foule, un certain Crova, un universitaire de Montpellier, questionna dans la presse la valeur économique de ce réflecteur solaire, son utilité, la quantité exacte de chaleur qu'il pouvait produire. Il fit réunir deux commissions, attachées au ministère des Travaux publics, l'une à Montpellier, l'autre à Constantine, pour examiner son rendement, qu'on calcula en plaçant deux miroirs de cinq mètres carrés de section normale exposés aux rayons. Quelques mois plus tard, les résultats des expériences des commissions de Montpellier, envoyés au ministère et résumés par Crova, conclurent à l'absence de potentiel industriel avec ces mots : « Dans nos climats tempérés, le soleil ne brille pas d'une manière assez continue pour que l'on puisse utiliser pratiquement ces appareils. »

Le coup fut dur. Malgré la publication des études de M. Crova, malgré le fait que, dans la presse, on se moqua de Mouchot en lui reprochant d'aller chercher l'énergie à des millions de kilomètres de distance quand on pouvait la trouver à dix pieds sous terre, cela n'empêcha pas ses opposants les plus tenaces, ses persifleurs les plus entêtés, de reconnaître l'importance de cette invention majeure. Jusque-là, Mouchot n'avait présenté de danger pour personne, les progrès de son travail ne mettaient pas en péril l'immensité du progrès industriel des hommes d'affaires. Or, avec cette médaille et la mission en Algérie que la presse relayait sans cesse, les journaux se tournèrent vers cet « homme-soleil » et lui consacrèrent leurs premières pages.

La France avait reconnu parmi les siens, dans ses rangs, au milieu de ce volcan de talents, une figure illuminée, dont le seul nom désormais attirait les meilleures plumes de la presse. Un simple communiqué qui mentionnait une de ses démonstrations faisait grossir les tirages, les places étaient réservées trois jours à l'avance et on se ruait pour avoir les choix. Les hommages, les distinctions, les médailles d'académies plurent sur lui et, à Semur-en-Auxois, où certains membres de sa famille étaient restés dans l'atelier de serrurerie, les Mouchot étaient salués dans la rue avec une révérence distinguée.

Ces journées furent une apothéose au-delà de toutes les attentes. Mouchot avait acquis une renommée qui le précédait. Il était invité à toutes les mondanités, dans tous les salons. Ici et là, à toutes les tables, il lui fallait raconter de nouveau l'histoire de la congestion pulmonaire, de la ventouse de verre, du hasard fécond dans ce petit appartement d'Alençon. À chaque fois, il ajoutait des détails, enjolivait la scène, exagérait la chaleur de cette journée. C'est ainsi qu'il embellit sa langue devant les autres, qu'il développa sa faconde et montra tout à coup une certaine aisance alors qu'il n'en avait jamais manifesté. À le voir, on aurait cru qu'il avait toujours su se mouvoir en société. Sa timidité parut le quitter. Il regardait les gens en face, rebondissait intelligemment, et tout ce qui chez les autres aurait été pris pour de l'arrivisme, prenait chez Mouchot une dimension plus noble et plus touchante, où l'on décelait encore une ancienne gaucherie domptée.

Des sociétés allemandes et anglaises proposèrent de lui acheter ses brevets. Il repoussa les premières avec irritation, les secondes avec une courtoisie méfiante. L'armée s'y intéressa aussi, au point que le général Flatters emporta une machine solaire pendant son combat contre les Touaregs, tragique et célèbre mission, composée d'une caravane militaire de quatre-vingt-dix jeunes hommes, en plein Sahara, vers le Hoggar, et on sut que le vicomte de Lesseps, homme d'affaires, explorateur, traversant les chotts tunisiens, étonna les guerriers qu'il croisa par le fonctionnement fabuleux d'un appareil qui, à la vue de tous, en plein désert, cuisait son pain chaque matin.

Mouchot connut enfin la gloire qui couronnait de longues années d'attente et d'échecs invisibles, de tyrannies silencieuses et d'efforts vaincus. Il aurait pu, grâce à cette célébrité, s'il avait eu l'instinct du négociant, s'installer dans un luxueux appartement, avoir des chevaux de selle à l'écurie et des voitures sous sa remise, aller de fête en fête, de salon en salon, rouler en carrosse, en tilbury avec un laquais en livrée. Mais Augustin Mouchot ne s'habillait pas chez des tailleurs coûteux, il ne se faisait pas coudre des redingotes bleues avec des boutons d'or ciselés, ou des gilets de soie et des brocarts aux motifs orientaux. Mouchot était toujours vêtu du même costume, en feutre gris, et blanchissait ses chemises une fois par semaine. Car, à le voir, il n'y avait pas d'habilleur, pas de draperie, pas de voiture, qui auraient pu faire paraître élégant ce petit fils de serrurier de province, aux joues creusées, courbé et anémique qui ne disait pas un mot, qui s'excusait de respirer, et dont on remarquait à peine l'existence.

Mouchot ne prit pas le temps de savourer ce brusque triomphe. Le 28 octobre 1878, il adressa au ministre une lettre dans laquelle il sollicitait une nouvelle mission en Algérie.

Il joignit à la lettre des études sur la décomposition de l'eau par la pile thermoélectrique, car il était convaincu de pouvoir obtenir, avec certitude, par la concentration des rayons solaires, la préparation d'une foule de produits rares. Deux mois plus tard, alors qu'il était de retour à Semur-en-Auxois auprès de son père malade, il reçut une lettre de confirmation. Ainsi, quand la tempête des honneurs fut retombée, quand l'argent des subventions fut versé, Mouchot prépara sa valise, chargea un important matériel dans un train, et sauta dans une voiture en direction du sud. Avec cette même impulsion fragile qui avait toujours fait sa nature, il fila d'un trait vers le port d'Alger où il arriva seize jours plus tard, épuisé mais galvanisé, l'esprit tourné vers son idée fixe : monter au sommet du mont Chélia pour toucher le soleil du doigt.

VII

Arrivé au port algérien, il fut surpris de l'accueil encore plus enthousiaste que la première fois. Les bourgeois, les scientifiques et les personnalités politiques accoururent vers lui par centaines pour l'approcher, l'interroger, l'inviter. La presse en parla et, pendant les trois mois qui suivirent son débarquement, jamais un savant ne fit couler autant d'encre et jamais son nom ne fut prononcé autant de fois. Les poètes s'en mêlèrent, les revues universitaires aussi. Un prêtre de la bibliothèque théologique de l'Église d'Alger trouva quelque part un calendrier où l'on annonçait sa venue, mais on abandonna rapidement cette théorie quand on se rendit compte que Mouchot, comme la majorité des scientifiques, était libre-penseur.

On l'amena aussitôt au ministère de l'Agriculture et du Commerce. Le 20 février 1879, devant deux cents personnes rassemblées dans la grande salle, sous un lustre hollandais d'une tonne et demie, on le fit chevalier de la Légion d'honneur. Ce fut le général Bardin, commandant de la division d'Alger, qui la lui remit avec un sérieux digne d'une cérémonie funèbre, et lui dit d'une voix ferme, en lui épinglant l'insigne sur le côté droit de la poitrine :

– Vous êtes au soleil ce que cette médaille est à la nation.

Les premières semaines, Mouchot accepta l'aide d'un riche propriétaire qui avait mis à sa disposition une belle villa coloniale, la villa Bauer, à l'écart de l'agitation de la capitale. Il s'installa dans cette somptueuse demeure ouverte à tous vents, avec un jardin plein d'arbres fruitiers et de tapis de fleurs, traversé d'allées de dattiers et de fontaines en mosaïques de marbre. Tout était coupé du monde par un large espace sans ombre, idéal pour une machine solaire, et la parfaite disposition des lieux lui parut en faire l'endroit rêvé, le refuge qui convenait à un homme impatient d'insérer, entre ses succès récents et ceux à venir, une période de recueillement.

Tout le mois de mars, Mouchot ne fit qu'étudier, noter, fabriquer et tester de nouvelles machines. Mais le sable fin de cette région ternissait vite les lamelles de cuivre argentées, leur enlevant, en plein travail, l'efficacité de leur pouvoir réfléchissant. Il déplaça ses machines et réalisa quelques expériences à Alger dans le jardin d'Essais, au lieu-dit « le Hamac » où, paraît-il, se trouve encore aujourd'hui un de ses appareils. Son concentrateur solaire provoqua une fervente explosion d'exaltation dans les cercles algériens. Avec la conscience de son talent, une force inconnue et une ambition plus vaste grandissaient en lui. Il quitta Alger et prit la route vers l'est.

Il arrêta un itinéraire et cinq guides kabyles, tatoués des mains jusqu'aux pieds, se mirent en route un matin avant le lever du jour avec une cordée de dromadaires. Le chemin était sablonneux et s'enfonçait dans des vallées profondes qui finissaient dans des crêtes de dunes. Souvent, ils traversaient des rivières asséchées et, sous chaque pierre, des lézards furtifs s'enfuyaient au son des sabots. Au bout de trois jours, ils abattirent un des dromadaires et le firent rôtir dans une marmite solaire. Le paysage semblait nu. Lorsqu'ils croisaient une source, rare dans ce paysage, Mouchot était le premier à boire cette eau claire, sortie des boyaux de la sécheresse, qui coulait d'une cicatrice ouverte dans la pierre, glacée, au goût de bruyère, comme un miracle des sous-sols. Parfois, ils rencontraient des hommes vêtus de longues tuniques, des cavaliers solitaires, qui avaient un fusil rouillé pendu à l'épaule et qui parlaient la langue des prophètes. Ils levaient alors le doigt vers l'horizon et prononçaient un nom inconnu, aux sonorités mystiques, qui venait d'un temps lointain où le désert était peuplé.

Bientôt, ils ne suivirent plus tout à fait l'itinéraire qu'ils avaient tracé, mais se laissèrent guider à la boussole du soleil. Ils évitaient les villages et dormaient dans les hameaux alentour. Obstiné, tirant sa charrette d'appareils solaires, Mouchot allait vers la lumière aveuglément, mû par l'illusion apaisante de refaire le monde à la seule force de son rêve. Comme dans les premiers jours à l'atelier impérial de Meudon, il pouvait ici véritablement faire épanouir sa nature contradictoire vers une clarté éblouissante. Il s'entourait de zouaves et de tirailleurs indigènes, de spahis et de méharis. Il se laissa conduire par des communautés touarègues en caravane, dans d'interminables files d'animaux et d'hommes silencieux qui avançaient lentement sur des routes millénaires qu'avaient empruntées, autrefois, leurs ancêtres. Il demanda l'hospitalité dès qu'il pouvait, par les routes inexplorées. Le soleil réclamait ici ce peuple du désert, cette armée de feu, et il se mêlait à leurs rangs, continuant son chemin sans s'arrêter, fuyant loin, comme s'il cherchait à atteindre le centre de l'Afrique.

Il voyagea pendant des mois, suivant le vent, le corps enveloppé de tissus bleus qui déteignaient sur sa peau et voletaient comme des robes de méduse. Il croisa des négociants et des trafiquants qui ressemblaient aux premiers hommes du monde, des êtres à la peau brûlée qui voulurent lui acheter ses miroirs, mais Mouchot continuait son chemin, affairé à son idée, fou et fatigué, le cœur tendu vers ce sommet immense et insolite, persuadé d'y trouver ses propres racines. La chaleur et les températures ne cessèrent d'augmenter à El Aricha, à Géryville, à Tafraoui. Toutes les mésaventures qu'il avait vécues jusqu'à maintenant, toutes les heures de collège, tous les changements d'établissement, toutes les maladies de sa jeunesse, prenaient ici la dimension absolue d'un sacrifice. Il dépassa Bordj Bou Arreridj, Biskra, T'kout, souffrit de fièvres terribles et dut s'arrêter plusieurs jours dans le campement de Saïda. Là, pendant cet arrêt imprévu, il continua cependant à faire tourner sa machine et, quand il put reprendre des forces, il monta sur un chameau qui avait la couleur des graines de moutarde et reprit sa route.

Il arriva au pied d'un des points culminants de l'Algérie, le plus élevé de cette partie du monde. Dans le massif des Aurès, au nord-est, le djebel Chélia était si haut, la nature si hostile et le soleil si violent qu'aucune communauté n'avait voulu s'y établir. En hiver, quand les aiguilles étaient enneigées et que la chaleur diminuait, la lumière aveuglante faisait fuir les rongeurs les plus téméraires et les oiseaux n'y faisaient plus leurs nids. On disait que le diable y habitait. Le cheik Ouled Hamzag insista pour le guider lui-même, mais le sentier était long et épineux sous des rangées de cèdres, et il le quitta rapidement. Seules deux juments courageuses qui portaient encore les éléments de son appareil et un vieux chameau borgne sur lequel il montait continuèrent l'ascension avec lui. Les guides renoncèrent à le suivre à hauteur du deuxième plateau, à mille mètres d'altitude. Même le propriétaire des montures, un vieux paysan sans argent ni famille, préféra rebrousser chemin avec les autres en abandonnant ses bêtes. Mouchot continua en solitaire, gravissant le talus de la montagne, mangeant ce qu'on lui avait laissé dans des pots en verre fermés, buvant l'eau des ruisseaux qu'il croisait, si bien que la nuit du 25 juillet 1879, après quatre jours de marche, alors qu'il avait l'impression d'être perdu au milieu de cette immensité, Mouchot atteignit une terrasse froide et comprit qu'il était arrivé au sommet.

Depuis ces hauteurs, en un seul regard, Mouchot pouvait embrasser tout le pays et sa vaste plaine. Il ressentit dans son cœur une double victoire. De toute l'Algérie, il était l'homme le plus proche du soleil mais aussi, à cet instant, il touchait au point culminant de sa vie. Il ignorait que ce serait pour lui la fin d'une quête et le début d'une autre. Si on lui avait dit que l'homme qui redescendrait deux mois plus tard serait différent de celui qui y était monté, il ne l'aurait pas cru. Tout autour de Mouchot se dressaient des pics et des collines, des troncs majestueux endurcis par le temps, par la solitude des cimes et par le vent lointain de la mer. Là-haut, un empire de chênes noirs, c'était un autre monde. Vieux de six cents ans, droits, loyaux, ténébreux, des cèdres prodigieux s'élevaient tels des demi-dieux, des géants, des titans, des cathédrales, des créatures divines, plantant leurs racines directement dans la roche, tout un peuple à la fois céleste et monstrueux.

Au sommet, une période intense et libre commença pour Mouchot. Il construisait, marchait, explorait, vagabondait. Détaché de tout, il songeait à ces années où il avait été enchaîné à l'enseignement et aux académies en errant à pas légers le long des dunes, l'esprit nourri par le vent, l'âme partie dans les méditations. Parfois, il dévalait les pentes ensablées et les versants de gravillons dont les crêtes portaient, comme une chevelure vermeille, une rangée discrète d'oseille sauvage. Les houles de sable calmaient son esprit. Il dormait à l'ombre d'un acacia, la tête posée sur l'abdomen de son chameau borgne, et la fragrance des tempêtes du sud le fascinait à la façon d'un parfum de femme. Il s'alimentait de fennecs, qu'il attirait vers lui avec des leurres, frétillants et prudents, et qu'il assommait d'un coup de pierre sur la nuque. Puis il les dépeçait, les vidait, et les faisait cuire dans sa marmite solaire, couchés sur une grille, la cocotte fermée par une vitre tournée vers le soleil, où il pouvait sentir monter, en moins de vingt minutes, une odeur suintante et âcre de viande molle. Le ventre rempli, Mouchot s'endormait sur ces falaises, battu par l'air lourd, tremblant d'une jouissance obscure et secrète.

Ce qu'il n'avait pu accomplir à Meudon, il le fit en Algérie. Pendant les journées claires, il évitait les buissons secs et les ombrages, s'écartait des gorges de rochers et des herbes hautes, allait au milieu des cimes, dans les endroits les plus bouillonnants, les plus brûlants, roulant sa machine devant lui comme un scarabée poussant une pelote. Il passait des heures exposé au soleil, les paupières plissées, les muscles de son visage contractés, les pieds chaussés de grosses bottes, les mains protégées de gants mouillés, la tête enroulée dans une étoffe en poil de chèvre tissé, et d'un chapeau à bord étroit qui ne lui protégeait pas les yeux.

Il enjambait sa machine, posait les pieds sur les réflecteurs, tournait les miroirs en suivant le soleil, le dos frappé d'une chaleur écrasante, et la touffeur était si intense que, quand il reprenait pied au sol, il apparaissait tout rouge, le souffle coupé, fumant de partout, devenu lui-même une torche humaine. La semelle de ses bottes fondait, ses gants durcissaient, ses vêtements flambaient et pâlissaient, tout son corps semblait s'évaporer. Mais Mouchot, obsédé, délirant, de ses yeux habitués à la réverbération des rayons, plongé dans un pétillement de mille étincelles mauves, cherchait le plus haut rendement de sa machine, voulant dépasser les résultats de la veille, sans se reposer, sans attendre, comme s'il renaissait de chaque tentative. Et lorsque l'eau se mettait à bouillir, lorsqu'il avait fini de noter la température exacte, le type de matériaux, l'heure d'ébullition, il jetait tout ce que contenait la chaudière et recommençait aussitôt, dans une boulimie aliénée, insensée, en la remplissant à nouveau, dans l'incendie mythologique de ces blocs de feu, avec plus d'habileté que de force, allant et venant dans ce château de miroirs incandescents.

Son visage grillait. Il cherchait l'incendie, plutôt que l'illumination. Un besoin infâme montait en lui de transformer en folie tous les calculs effectués, les plus subtils rayonnements, les plus minimes braises, de porter jusqu'au rouge le cuivre de ses miroirs. Jamais un savant ne ressentit, comme Mouchot à cet instant, la distance vertigineuse, imbattable, entre l'homme et l'astre. Une puissance, venue d'une autre planète, le liait tout à coup à cette poésie du vivant. Mouchot fixait le soleil, et tout cela lui paraissait un dialogue biblique. Ce n'était pas seulement la présence constante du soleil qui, dans ces hauteurs, prenait des dimensions parfaites, il devinait quelque chose de nouveau en lui, des frissons prodigieux, des forges immobiles, quelque chose comme une apothéose.

Mais cette conquête, bien que fabuleuse, eut un prix. Des années plus tard, Mouchot ne put jamais dire précisément à quel moment il commença à perdre la vue. Lui-même ne s'en rendit compte qu'au bout de quelques jours, en se réveillant une nuit sous sa petite tente, quand il se surprit à ne distinguer du ciel qu'une immense nappe blanche. Il ne vit pas le ciel noir, les constellations scintillantes, les feuillages gris, la nature blottie dans l'ombre du soir, mais seulement une impossible étendue blafarde couvrant le cosmos comme si tout le sable du désert s'était collé aux étoiles.

Au début, il pensa qu'il ne s'agissait que d'une fatigue des yeux, due à un excès de travail, et passa ses soirées à masser ses paupières avec de l'huile de bourrache, en appliquant sur ses cernes un mélange de myrte rouge et de ricin, mais ne tarda pas à s'enfoncer de plus en plus dans un monde entièrement blanc. Les contours devinrent imprécis, la couleur des choses sembla disparaître avec le jour, si bien qu'il ne parvint plus à séparer l'aube du crépuscule. Le monde pâlissait. Au bout d'une semaine, il sentit ses rétines brûler tel un bûcher ardent, comme si ses yeux avaient absorbé tous les rayons du ciel, et cette brûlure interne, qu'il perçut vivement un matin qu'il actionnait sa machine, le terrassa avec une telle violence qu'il chercha, dans les fourrés, des branches d'olivier pour s'arracher les yeux.

Ses pupilles désormais se gonflaient au moindre rayon, pleuraient, larmoyaient, et la lumière lui était devenue insupportable. Comme Icare au-dessus du labyrinthe, Augustin Mouchot s'était brûlé les ailes. Il savait, comme lui, depuis le premier moment, que sa découverte le mènerait tôt ou tard à une hauteur dangereuse, qu'il s'aventurait dans le péril, qu'il ne reviendrait pas. Il savait, avant de monter, qu'il était destiné à tomber. Le dernier dimanche de septembre, alors qu'il avait accepté l'idée qu'il ne pouvait plus rester seul au sommet du mont Chélia, Mouchot décida de descendre en se guidant à tâtons, mais une migraine qu'il traînait depuis trois jours le fit chanceler au bout de quelques heures de marche, trébucher sur une grosse pierre et, son front heurtant la roche, il perdit connaissance.

Il se réveilla près d'Alger. Pendant son sommeil, des nomades qui savaient écrire le tifinagh l'avaient trouvé étendu contre un tronc de chêne, l'avaient transporté en lui versant des gouttes d'eau de bleuet sur l'iris et lui avaient bandé les yeux avec un cataplasme d'argile blanche pour conjurer le mauvais sort de la montagne. À l'hôpital Mustapha Pacha, on lui parla de scorbut en regardant ses gencives et de typhus quand on lui découvrit des poux nichés derrière les oreilles. Certains médecins arabes l'auscultèrent et soupçonnèrent une maladie vénérienne, contractée dans les hauteurs de Chélia, mais Mouchot protesta en assurant qu'il était monté seul avec deux juments. D'autres parlèrent d'une conjonctivite de nature congénitale qui se serait manifestée soudainement par une trop forte exposition à la lumière, et quelqu'un évoqua même une tumeur des paupières.

Tous ces avis divergents ne firent qu'aggraver son penchant pour l'hypocondrie. Mouchot fit obstinément examiner ses yeux à tous les médecins et à tous les sorciers d'Algérie, mais refusa catégoriquement de nouveaux remèdes ou des traitements ancestraux, de peur qu'on lui réveillât d'autres souffrances. On le confia à des Tunisiens qui savaient traiter la fièvre des yeux, et il lui fallut attendre le mois de novembre pour être rassuré lorsque, de passage à Alger, encore tout fébrile et fatigué, un docteur spécialiste lui parla d'ophtalmie. Ce mot ne le quitta plus et, bien qu'il ne comprît pas tout à fait ce qu'il désignât, il s'établit avec une telle certitude dans son esprit qu'il finit par remplacer tous les autres.

Comme un malheur ne vient jamais seul, ce fut plus ou moins à cette époque qu'on découvrit de nouveaux gisements de charbon dans l'est de la France. L'amélioration du réseau ferré facilita son approvisionnement et conduisit le gouvernement à estimer que l'énergie solaire n'était pas rentable.

Du jour au lendemain, on cessa de financer les recherches de Mouchot. À la suite de l'Exposition universelle de 1878, les moteurs à explosion et l'utilisation massive du pétrole changèrent radicalement les données industrielles. La mission de Mouchot ne fut pas poursuivie et il fut obligé de rentrer en France. La dégradation de sa santé était telle que personne, pas même le gouverneur Chanzy, ne le reconnut l'ultime fois qu'il le vit dans le port d'Alger, peu avant d'embarquer dans sa dernière traversée de la Méditerranée, sur le quai ensoleillé :

– Seules les natures clairvoyantes sont capables de faire apparaître l'aveuglement de leurs contemporains, lui dit-il.

Pour le vieux Mouchot, ce furent des journées de deuil. Il passa plus de temps à regretter son retour qu'à trouver un appartement où se loger, et il eut une crise de mélancolie dont il ne se remit jamais. Il s'installa rue Torricelli, dans le quartier des Ternes, à Paris. Déprimé par l'arrêt brusque de sa mission en Algérie, il refusa de reprendre le chemin du lycée de Tours après la période palpitante et riche qu'il venait de vivre pendant quatre ans. Alors qu'à son premier retour d'Algérie il avait rejoint Paris éclatant de santé, de bon maintien, robuste comme un jeune taureau, il revint cette fois avec une allure patibulaire, une mine affalée, un air hagard, cette apparence d'ancien soldat brisé qui semblait déjà le prédestiner à un abîme de solitude.

Payant le prix de sa loyauté, il envoya une lettre au proviseur du lycée de Tours qui en avertit le recteur avec ces mots : « M. Mouchot a été atteint en Algérie d'accès de fièvre qui ont amené chez lui une cécité assez prononcée. Les traitements ordonnés par les médecins n'ont amené aucune amélioration. » Il fit valoir ses droits à la retraite à partir du 1er février 1880, demanda que ses émoluments lui soient versés à sa nouvelle adresse, et exigea des compléments liés à ses brevets et ses droits d'auteur. Puis, une fois ces considérations réglées, il fila chez Abel Pifre.

Abel Pifre était absent de son atelier. Le soir même, quand il apprit que Mouchot était rentré d'Algérie avec des problèmes d'ophtalmie, il s'était s'inquiété. Non pas pour ses yeux, ni pour son état de santé, mais pour ses affaires, car le succès de Mouchot après l'Exposition universelle avait déteint sur lui et, pendant que celui-ci vivait en Algérie, lui était parvenu à prendre une place plus importante dans le monde scientifique. Déjà à cette époque, il avait commencé à apporter des modifications au récepteur solaire de Mouchot et avait déposé lui-même, à son nom, une addition au brevet de la forme du réflecteur.

Il se fit silencieux et laissa passer quelques jours avant de le voir. Mouchot essaya de l'appeler de cent façons à son secours depuis qu'il était réduit à une cécité partielle et aux tourments du retour, mais il ne reçut de lui aucune réponse. Il ne le trouva que dans la presse, où Pifre avait fait paraître des articles fournis, dans les pages de vulgarisation scientifique de différents hebdomadaires. Sa renommée s'était étendue rapidement au point que, des quatre coins de la France, étaient venues des invitations pour échanger avec lui sur l'application de la chaleur solaire dans les zones rurales. Il avait fondé une revue savante, dont il était devenu le rédacteur en chef, qui comptait vingt pigistes et qu'il projetait de traduire en anglais pour conquérir le marché britannique. Abel Pifre était devenu ce que Mouchot aurait voulu être.

Un matin, il donna rendez-vous à Mouchot dans son atelier. Le vieil inventeur apparut dans ses taffetas usés, avec son chèche bleu autour du cou dont il ne se séparait plus, et Abel Pifre fut surpris de voir un homme aussi abattu, aussi affecté, dont les paupières s'étaient alourdies avec tant de pesanteur qu'elles donnaient à son regard une détresse sans horizon. Il était si démuni de tout qu'Abel Pifre ne sut dire s'il était triste ou en colère, quand il lui annonça qu'il voulait lui racheter son brevet initial, afin de créer, au 24 rue d'Assas, sa propre Société centrale d'utilisation de la chaleur solaire.

– Tu veux m'acheter ma machine ? demanda Mouchot avec chagrin.

– Non, répondit Abel Pifre. Je veux t'acheter toutes celles à venir.

D'abord, Mouchot refusa. Le brevet lui appartenait. Le ton monta. Ce différend entre eux, parti d'une simple offre de rachat, finit par prendre les dimensions d'un combat de titans sur lequel tous les savants de Paris semblaient avoir un avis. Le journal *Vingtième Siècle*, qui avait été si élogieux à l'égard de Mouchot, fut le premier à le vilipender et fit paraître des accusations à son encontre. Dans tous les kiosques, on découvrait la vie privée de cet homme qui avait cultivé la plus grande discrétion dans son existence. On lui reprochait d'avoir volé de l'argent pour partir en vacances pendant quatre ans en Algérie, on révéla des non-payés, des dettes et des avances reçues non remboursées, on parla de son caractère froid, vexant, parfois agressif, de son manque de charisme. Les chèques, les remises, les effets différés tirés sur de tierces personnes, les rendez-vous manqués, les créanciers, il dut endurer tout cela.

Tandis que Mouchot se perdait en mille lettres envoyées à l'Académie, à ses banquiers, à son avocat, Abel Pifre gagnait du terrain. Le 6 août, il eut une idée de génie. Dans le jardin des Tuileries, entre 13 heures et 17 h 30, lors de la fête de l'Union française de la jeunesse, Abel Pifre installa une splendide presse Marinoni près de la fontaine et utilisa un récepteur solaire de Mouchot pour mouvoir une machine à vapeur lui permettant d'imprimer un journal. Le capteur entraînait une pompe hydraulique, couplée à une petite presse qui, mue par une énergie de deux chevaux-vapeur et demi, estampilla devant des yeux subjugués, à une vitesse extraordinaire, un tirage de cinq cents exemplaires par heure du « Soleil Journal », un numéro spécialement conçu pour cet événement.

Émile Zola était dans le public. Il fut si impressionné que vingt ans plus tard, quand il publia *Travail*, il pensa à cette innovation et lui rendit hommage en évoquant « ces savants qui sont parvenus à imaginer de petits appareils qui captaient la chaleur solaire et la transformaient en électricité ». Bien que le soleil ne fût pas très ardent ce jour-là, et que la radiation fût gênée par quelques nuages, la presse fonctionna toute la journée. Gaston Tissandier, chimiste et physicien, éditeur de la revue *La Nature*, annonça comme une prophétie : « Quand l'heure funeste aura sonné, quelque génie, sortant des rangs, saura féconder le champ des grandes découvertes. »

Le succès de sa presse solaire l'incita à renouveler sa proposition de rachat de brevet. Mouchot fut tenté de refuser à nouveau, mais cette nouvelle proposition, plus généreuse, remâchée pendant des semaines dans son appartement des Ternes, le fit réfléchir. Il avait besoin d'argent rapidement, car le déménagement lui avait coûté cher, et il se rendait compte de la vitesse à laquelle son état de santé se détériorait. Pifre, de plus en plus célèbre, le pressa avec une délicate insistance, et alla même jusqu'à éprouver un peu de compassion pour cet homme qui lui avait tout appris. Un mardi d'automne, il vit apparaître Mouchot à la porte de son atelier, rue d'Assas, avec ses rouleaux de planches sous le bras et son certificat qu'il avait autrefois fait encadrer chez un menuisier italien.

C'était, pour le vieux savant, la conséquence d'une quête inachevée, de frustrations vécues et de plaies secrètes, toutes les infections contractées au cours de son voyage dans les profondeurs du désert où une partie de lui-même était demeurée prisonnière. Il avait survécu, comme il l'avait toujours fait au cours de son enfance, échappant à tous les pièges que la nature lui avait tendus, mais il en était resté toutefois tout enveloppé de détresse, d'abattement, avec un regard perdu dans le vague comme si par la fissure de son cœur le souffle de la vie l'avait quitté. Ce n'est que lorsqu'il se mit à se plaindre de douleurs de dos, d'arthrose, le corps courbé et le regard fuyant, que Pifre sortit cinq billets de banque, trois pièces d'or et une bourse remplie de monnaie de cuivre, et les posa devant lui sur la table qui les séparait.

– Tu seras toujours le père de cette invention, lui dit-il.

Ce jour-là, Mouchot perdit la main sur son brevet. Abel Pifre, nouveau propriétaire de cette licence, se lança dans un commerce effréné. Il se tourna vers toutes les entreprises qui utilisaient des machines à vapeur en leur proposant de s'épargner les dépenses du charbon. Pour gagner leur confiance, il loua des salles d'exposition ouvertes sur des balcons, dont il avait enjolivé les murs de tapisseries aux motifs astraux et les plafonds de rosaces représentant des soleils rieurs, où des centraliens fraîchement sortis de l'école activaient des appareils qui faisaient tourner des pistons à l'air libre.

Il fit des démonstrations sur le vin au cœur des domaines bourguignons, sur le pain dans les arrière-cours des boulangeries, sur les pompes dans les entrées des mines du Nord. Les commandes devinrent nombreuses et sa Société centrale commença à former des apprentis mécaniciens pour les réglages des nouvelles structures. Il envoya aussi de jeunes vendeurs frapper aux portes des écoles militaires, reprenant la vieille idée de l'alimentation des troupes, proposa aux négociants de la rue Saint-Guillaume un système de boutique-relais pour ses pièces à remplacer, et inventa toutes sortes de facilités de paiement pour achever de convaincre les investisseurs. Grâce à un héritage soudain, il employa une centaine d'ouvriers pour fabriquer des machines démontables, simplifiées, réduites, plus légères et moins chères, au point qu'il aurait fini par imaginer des machines solaires de poche si, plus tard, la Première Guerre ne l'avait pas ruiné.

Mouchot, lui, déclinait. Après avoir vendu sa licence, il dut céder à des prix ridicules ses dernières machines, multiplia les dépenses pour rembourser des dettes, dut emprunter à nouveau et, ayant revêtu lui-même des allures de bourgeois désargenté, il perdit son panache de savant et sa grâce d'aventurier. Il ne se soignait plus. Serré dans un vêtement mal fait qui rendait sa taille encore plus difforme, le visage blotti dans une vilaine écharpe, il ne quittait plus, bien qu'elle ne fût plus qu'un pagne décoloré, sa vieille étoffe de touareg dont il s'entourait le cou et un vieil habit de serrurier, auquel il manquait des boutons de cuivre, trouvé dans l'armoire de son défunt père. Écrasé par la frustration de ceux qui n'ont pas réalisé leur rêve, il ne se rasait plus, se laissa pousser les cheveux, au point qu'il finit par ressembler, au bout de quelques mois, à un mendiant en haillons.

Ses maux de ventre reprirent, lui tordirent l'estomac, sa cécité le plongea dans une obscurité presque totale, et un début de surdité le surprit. Il se mit à boire du marc de Bourgogne à tous les repas, car il avait remarqué que sa raideur de dos se détendait avec l'alcool. Mais la goutte vint de la goutte, et des rhumatismes se mirent à lui déformer les genoux. Il eut aussi des hémorroïdes, des vertiges, des acouphènes, des caries, un eczéma sur la paume des mains et un énorme orgelet sur la paupière, si gros, si gonflé, qu'on crut qu'un troisième œil lui poussait sur la rétine.

Tandis que cette excroissance poussait sur son œil, une tour « monstrueuse et inutile », construite par un certain Gustave Eiffel, s'élevait au centre de Paris. À New York, la machine solaire d'Ericsson était présentée avec un réflecteur de cinq mètres et vingt-huit centimètres d'ouverture et, près de Sorède, le Padre Himalaya faisait ses premières expériences d'un concentrateur solaire atteignant les 1 500 °C. Mais, pour Mouchot, tous ses rêves s'étaient brûlés. En dépit de la publicité dont il avait bénéficié, il échoua à s'imposer. Ses tentatives, les risques encourus, ses démonstrations, tout paraissait s'effriter, se rompre, perdre de la vitesse. Aucune industrie n'investissait dans ses travaux, aucune marque ne le parrainait, aucun commerçant ne le cautionnait. Il ne lui avait servi à rien de s'échiner devant l'empereur et les présidents d'académie, d'envoyer des milliers de lettres aux administrations, de mendier des francs à toutes les portes, de faire des calculs, jour et nuit, sans cesse, avec l'acharnement d'un moine. Sa persévérance ne l'avait pas sauvé.

Mouchot n'était plus un savant respecté, mais un spectre antique, banni de tous les cercles et rejeté par toutes les congrégations scientifiques. On disait qu'il avait été ensorcelé en Algérie par des rites exorcistes, accompagnés de sourates de guérison, et qu'il avait la mort aux talons, car on lui avait fait boire un mélange d'herbes composé par des chamanes berbères d'après les descriptions préislamiques de la Roqya. Il ne pouvait plus se déplacer sans perdre son souffle. Bientôt Mouchot devint une figure du quartier des Ternes, un homme vieilli au visage de faune, portant son nœud papillon de travers, son chapeau mou de côté. Il commençait à avoir une hanche défaillante, qui le faisait boiter. Il avait une toux chronique, le teint pâle, et il vagabondait de ruelle en ruelle, toujours une canne à la main, parfois escorté d'un étudiant qui, avec une âme charitable, lui tenait le bras pour monter les marches de son immeuble. C'était la vieille machine de son corps qui se détraquait, par les malheurs successifs, avec des grincements et des heurts, et qui se brisait, tombait en ruine. À présent, plutôt qu'à un empereur, c'était à n'importe quel journaliste, à n'importe quel jeune curieux, à n'importe quel étudiant qu'il déversait ses malheurs, qu'il révélait ses injustices subies, qu'il se plaignait de ses pénitences et, en voyant ses yeux humides, toute personne pouvait lire là l'ascension et la chute d'un homme à qui il ne restait plus rien, après avoir tout eu.

Le bilan était désastreux. Mouchot, désormais incapable d'en payer le loyer, dut rendre l'appartement de la rue Torricelli. Il avait entendu parler de chambres qu'on louait pas cher sur la rive gauche. Il descendit le boulevard Raspail jusqu'au cimetière du Montparnasse, tourna à droite, le long du remblai du chemin de fer, et entra dans le 15ᵉ arrondissement, dont les baraquements, à la lisière de la ville et de la campagne, s'amassaient sur ce terrain de frontière, en une espèce d'appendice nauséabond de la capitale. C'était un embrouillement désordonné de ruelles étranglées, sans lumière, tout empestées par des rigoles que seules lavaient les pluies, et il était triste de voir cet entassement absurde, si négligé, si fermé, face à l'immensité de la campagne qui s'étalait après le boulevard des Maréchaux.

Il arriva au 56 rue de Dantzig, avec deux valises en peau de chèvre et une malle en bois qui contenait les pièces rouillées de sa dernière machine solaire. C'était une maison noire de crasse, aux murs lézardés, qui s'était un jour compressée si brusquement pendant une tempête qu'il avait fallu consolider la façade à l'aide de gros chevrons de marine, récupérés sur le port du Havre, sauvés d'une épave de galion. Quand il frappa à la porte, des chats qui se disputaient un morceau de poulet sortirent d'une gouttière dans une bagarre bruyante et, après eux, lente et lourde, dans un remugle d'antimoine, la propriétaire parut sur le seuil.

C'était une femme petite, dure comme un marteau, avec des yeux sans éclat, dont le crâne pointu et les épaules charpentées la faisaient ressembler à un gladiateur de dos. On devinait sur son visage les traces d'une colère récente, encore chaude, qui lui avait laissé les veines du front gonflées et la peau boursouflée. Brune, le menton plat, elle avait une vilaine cicatrice sur la lèvre du dessus et cette bouche carrée que donnent les mâchoires accentuées. Son teint cendré, comme vieilli par la pauvreté, que l'âge empirait, expliquait à lui seul la solitude où la misère l'avait jetée, et les années de mauvaise nourriture, les plats servis dans les cours des immeubles, les restes mendiés dans les cuisines des échoppes, avaient élargi ses hanches au point d'en faire une des créatures les plus obèses de tout le quartier Saint-Lambert.

– On m'a dit qu'il y avait des chambres à louer, dit lentement Mouchot.

Elle planta ses yeux sur lui. Alors Mouchot reconnut la femme terrifiante de la montgolfière qu'il avait vue dans son rêve, trente-trois ans auparavant, la veille de sa démonstration dans les jardins de Saint-Cloud. Il la revit pareille que dans ce songe lointain, cachée dans les volutes des nuages, la bouche pleine d'œufs noirs, et un frémissement s'empara de son corps.

– Des chambres ? répéta-t-elle en le toisant. C'est pas un hôtel ici. Y'en a qu'une.

Elle regarda Mouchot de haut en bas.

– Votre nom, c'est quoi ?

– Augustin Mouchot. Et vous ?

Elle fit un silence.

– Pierrette Bottier, répondit-elle.

VIII

Dès le jour de sa naissance, Pierrette Bottier n'avait souhaité qu'une seule chose : mourir en paix. Mais quand Mouchot la rencontra, bien qu'elle n'eût que quarante-trois ans, rien dans son visage n'exprimait la quiétude d'une fin heureuse. Au cours de son enfance, son père ivrogne lui avait tant crié dessus qu'elle en était restée presque sourde, ce qui l'avait isolée plus qu'elle ne l'était de nature, et l'avait condamnée, parmi les voyous et les orphelins, à n'exercer jusqu'à treize ans que des métiers ingrats. Elle travailla dans les manufactures, dans les impressions sur étoffe, dans les filatures pour rattacher les fils et les bobines encrassées pour un salaire de famine. Elle s'était heurtée à la misère froide, aux bottines qui blessent, aux dessous qu'il faut refaire, aux dents qu'on arrache.

Une colère de chaque minute l'avait habitée. Dès l'âge de neuf ans, elle avait ressenti un tel besoin d'argent qu'elle n'avait pas vécu un seul jour sans cette obsession, sans apprendre l'avarice et la vénalité, calculant tout. Elle eut la bonne idée d'épargner un centime à chaque salaire, un misérable et maigre centime qu'elle avait disputé à la faim, et qu'elle cachait dans une bourse en peau de veau sous les lattes d'un escalier, traversant ainsi l'enfance comme une fourmi invisible, rêvant pour elle à quelque étonnant destin. Elle avait encore l'espoir de faire un mariage correct, lorsqu'un soir, à vingt ans, lors d'une dispute, une cousine lui lança brusquement un lissoir au visage, juste au-dessus de la lèvre, dont elle garda une horrible cicatrice sur la bouche.

Elle devint un être froid et acariâtre. Criarde, de nature belliqueuse, elle ne s'émut pas quand plus tard son patron la battit, ni quand elle dut avorter dans une ruelle sale d'un fœtus gros comme une orange. Elle n'éprouva aucune tristesse à la mort de ses proches, ni quand elle comprit qu'elle ne se marierait jamais. Elle fut blanchisseuse dans les laveries d'Odéon, tavernière dans les échoppes de la rue des bouquinistes, femme de chambre dans les nouveaux appartements de l'avenue de l'Opéra, jusqu'au jour où, la bourse en peau de veau étant pleine à craquer, elle put s'acheter un logis misérable dans la rue de Dantzig où elle pensa finir ses jours en paix.

Mais elle ne mourut pas tout de suite. À partir de l'adolescence, elle prit du poids à une vitesse affolante, pour avoir trop abusé de sirops à la gomme et de jus de betterave fermentée. À mesure que sa taille s'épaississait, son cœur se gonfla d'élans mesquins qui n'étaient, de fait, que le résultat de frustrations vaincues. Sa force effritée, son énergie flétrie, elle calmait ses brûlures d'estomac avec des racines de rhubarbe et s'administrait des cures de gentiane et de cinabre jusqu'à deux litres par jour pour étouffer le feu de ses intestins. Son ancien corps de travailleuse et d'ouvrière n'était plus qu'un énorme bourrelet immobile, pareil à un buffle couché sur le flanc, et pendant la nuit, son ventre lâchait des vents ignobles qui laissaient dans l'air une odeur de vieux-boulogne et faisaient croire aux voisins, dans leur sommeil agité, que Paris était à nouveau assiégé.

Quand l'obésité la cloua chez elle, la quiétude qu'elle avait tant attendue s'évapora pendant les dernières années du Second Empire. Elle dut vivre la guerre franco-prussienne en 1870, assista à la défaite de Sedan, survécut aux massacres des communards, vit passer les différentes Républiques, et ce qui pour certains fut une époque fascinante de changements politiques, de nouveautés sociales et de structures morales, fut pour Pierrette Bottier une succession ininterrompue de malheurs. Il y eut le krach boursier de Vienne, la Grande Dépression, le scandale du canal de Panama, la corruption et l'inflation, elle dut vendre quelques biens pour survivre, car son argent s'était dévalué, et mit aux enchères les rares bijoux qu'elle avait durement arrachés à la pauvreté. C'est pourquoi, alors qu'elle n'avait toute sa vie qu'exprimé humblement le souhait de mourir en paix, elle dut se résoudre, en 1899, à louer sa propre chambre, dans sa propre maison, pour pouvoir payer ses charges.

Ce fut précisément à cet instant que Mouchot fit son apparition. Une matinée de brouillard, devant la porte du 56 rue de Dantzig, à soixante-quatorze ans, presque sourd et presque aveugle, en parlant un français mêlé de mots arabes, avec un teint de peau qui rappelait le soleil infatigable du désert algérien, il lui proposa une avance des trois premiers mois de loyer. Il lui assura qu'il n'était que de passage. Elle accepta, et aucun des deux ne put soupçonner qu'il y resterait toute sa vie.

Son arrivée dans cette dernière demeure s'imprima si bien dans sa mémoire que, plus tard, vieillissant dans l'ombre de ce taudis, Augustin Mouchot se souviendrait, avec un mélange de gratitude et d'angoisse, de ce vendredi brumeux où Pierrette Bottier l'avait fait passer dans son sinistre royaume, lui avait présenté sa demeure d'une main molle, le regard perdu dans le vague. Elle l'installa dans l'unique chambre à l'étage, si détériorée, si instable, que les vents les plus légers faisaient trembler les murs comme au cœur d'un orage.

– Un coup de balai et elle sera comme neuve, dit-elle.

La maison de Pierrette Bottier était un bâtiment sale, humide, puant, fait de planches mal taillées, où tout craquait, croulait, suintait. Des gouttières déboîtées, des cloisons qui n'étaient plus que des poutres verticales, des fenêtres noires de poussière, des murs délavés, des tapis troués, de la moisissure partout. Souvent, lors des pluies, l'eau inondait les venelles et, s'écoulant sous la porte qui ne fermait plus, entrait dans la maison en charriant les déchets et les immondices de la rue Robert-Lindet. L'escalier qui menait à la chambre était à ciel ouvert, à la suite de l'écroulement d'une construction, et la charpente, à certains endroits, n'était plus qu'un échiquier moisi d'étançons et de câbles de fer. Pas de sonnette, seulement deux chèvres nerveuses, aux sabots écorchés, attachées d'une même corde à un piquet, qui bêlaient quand une ombre apparaissait. Mouchot rangea sa machine dehors, sous une petite toiture du préau, à l'abri du soleil. La première fois qu'il s'assit dans le patio, perdu dans ses rêveries, en regardant les chèvres en silence, Pierrette le prévint :

– Ne les regardez pas. Ces chèvres ne donnent pas de lait quand on les regarde.

C'est dans ce taudis qu'ils vivotèrent à deux pendant la première année. En été, Mouchot passait ses journées dans le patio peuplé de poules, et en hiver, dans le salon vieilli par les années d'abandon, dont il ne restait que quelques meubles boiteux, où avaient fini par s'effriter les dernières épargnes de la bourse en peau de veau et les ultimes effondrements de son époque solaire. Ses pieds gonflaient au moindre effort, son corps chancelait même lorsqu'il était assis et, chaque jour, il mangeait moins. Contraint d'accepter l'aide de Pierrette qui lui portait la cuillère à la bouche, il survivait grâce aux manigances mystérieuses et au trafic de légumes auxquels elle se livrait par de longues disparitions dans le marché Saint-Lambert.

Les soirs, elle devait le porter jusqu'au premier étage, le coucher sur son lit, lui changer son pot de chambre. Rustre, envieuse, en tout colérique, cette femme au cœur sec que personne, à aucun moment de son existence, n'avait vu sourire, semblait omniprésente, survenant dans différents endroits au même instant, fouillant dans chaque détail, et toujours précédée d'un raclement continu de gorge que trente ans de tabac lui avaient laissé. Elle était de plus en plus grosse, avec une peau d'otarie, un torse qui faisait trois fois celui de Mouchot et des jambes si courtes que, sous sa robe tachée du sang des poules, elle ressemblait à un gros cèpe au pied galbé. Elle pleurait parfois la nuit, avec de bruyants sanglots, hurlant des injures à la lune, comme si trois mille ans de misère remontaient tous les soirs en elle. Malgré sa surdité, Mouchot l'entendait depuis sa chambre. Un matin, il lui demanda quelles étaient les raisons de ses cris, mais elle ne parut pas surprise :

– Quels cris ? demanda-t-elle sèchement. La nuit, je dors comme un ange.

Mouchot s'habitua à la laideur des murs, à l'odeur d'œufs pourris, aux jérémiades nocturnes, et se forgea avec le temps une place établie dans la maison. Mais ses forces continuaient de l'abandonner. Fatigué par ses voyages algériens, talonné par ses créanciers, essoufflé par ses demandes de fonds, écrasé par les migraines, il priait en silence l'arrivée miraculeuse d'une âme charitable qui puisse le sauver des eaux marécageuses de sa vieillesse. Il lui fallait quelqu'un capable d'organiser son quotidien, ordonner ses dépenses, répondre aux exigences de l'Académie, travail dantesque qui exigeait la puissance d'un colosse. Il ne demandait pas à la vie une passion, mais un soulagement. Mais où le trouver ? Il eut beau le chercher, Mouchot se rendit rapidement à l'évidence que la seule personne capable de supporter une telle charge et de tenir un tel fardeau était Pierrette Bottier.

Elle avait pris soin de lui. Après tant de temps à le soigner, à subir ses maladies et ses infirmités, il constatait avec tristesse qu'elle était le seul être sur cette terre à savoir qu'il était encore en vie.

– Même Dieu n'a plus pitié de moi, pensait-il.

Telle était la situation le jour où Mouchot prit la dernière décision de sa vie. Il sortit de sa chambre et descendit dans le salon où Pierrette ôtait les yeux de vieilles pommes de terre et se planta devant elle. Il lui annonça, sans grande conviction, avec la voix de ceux qui informent d'un drame :

– Je veux vous demander en mariage, Pierrette.

Pierrette Bottier ne dissimula pas son agacement. Elle tourna son visage vers Mouchot. Il y avait dans son regard quelque chose de désespéré qui la laissa de marbre.

– Si vous allez devenir fou, déclara-t-elle, faites-moi le plaisir de me laisser en dehors de tout ça.

Mais Mouchot parvint à la convaincre en lui assurant que, dans cette affaire, elle gagnerait plus que lui. Grâce à ce mariage, il lui apporterait ses droits d'auteur, sa pension de l'Académie, une bibliothèque contenant quatre mille volumes, un bureau, trois médailles en or, et la dernière machine solaire qu'il avait construite, légèrement endommagée par les voyages, qui avait survécu à toutes les calamités du destin avec une résistance glorieuse, dont le squelette en verre et en métal pouvait encore être vendu.

Ce fut ainsi, après une simple conversation, un pacte froid. Un accord marchand qu'ils conclurent entre eux avec la cordialité de ceux qui effectuent une formalité administrative. La deuxième semaine d'octobre 1899, trois mois avant le centenaire, un lundi nuageux, ils se marièrent à l'église Saint-Lambert de Vaugirard, sans témoins. Pierrette Bottier apporta en dot le pavillon de la rue de Dantzig, deux chèvres et vingt-cinq poules qui donnaient des œufs noirs. Ils ne se promirent rien, ne se jurèrent rien, et le soir même, une fois les papiers signés, sans bague ni bouteille, chacun s'endormit comme si la journée n'avait pas été différente de celle de la veille. Avant d'aller se coucher, Pierrette fut la première à prononcer l'unique phrase qui serait échangée entre eux à propos de leur mariage :

– Ce n'est pas parce qu'on est mariés que j'suis maintenant ta femme.

Le mariage ne changea rien à l'équilibre domestique de la rue de Dantzig, mais permit toutefois à Pierrette de s'emparer de la rente de son mari avec une main de corsaire. Pendant que Mouchot s'étiolait dans sa chambre au premier étage, seul dans une obscurité sinistre où la cécité l'avait jeté, Pierrette se consacra à administrer l'argent de la pension avec des tours de passe-passe et une vénalité qui devint proverbiale dans le quartier. Bien qu'elle ait été comme une fourmi économe dans sa vie, elle devint une cigale dépensière et, avide de trouver une affaire fructueuse, se mit en tête qu'un bon investissement était la meilleure épargne.

L'idée lui vint que le commerce de poules serait le plus avantageux. Au premier paiement de l'Académie, elle acheta à un éleveur de Montparnasse trois cents poules et quatre-vingts barils de fanes, d'épluchures de légumes, de pain sec et de vieilles salades, qu'elle lança dans la cour loin des chèvres pour éviter des coups de sabot. Pendant toute la journée, les poules picotèrent avec un tel appétit qu'au bout de vingt-quatre heures, au milieu d'un caquètement infernal et d'une odeur de plumes mouillées, elles donnèrent assez d'œufs pour nourrir une armée. Pierrette passa toute la semaine au centre du préau, dont elle avait fait son quartier général, à ramasser les œufs avant que les chèvres ne les écrasent, mais dut renoncer à cette affaire car, deux mois après leur arrivée, les poules commencèrent à mourir les unes après les autres, l'intestin rempli de vers, d'une étrange épidémie qu'on mit sur le compte d'une sorcellerie.

La crise éclata une nuit quand Pierrette s'éveilla et descendit dans la cour pour vérifier le sommeil de ses bêtes. Elle s'aperçut que, tous les soirs, elles s'échappaient de leur poulailler et allaient s'asseoir sur le miroir parabolique de la vieille machine de Mouchot, le bec collé à la rouille et aux corrosions de cuivre. Ce fut une évidence pour elle : l'épidémie venait de l'appareil solaire. Elle vécut cette certitude absurde, irrationnelle, que la machine de Mouchot était un esprit maléfique, et tremblait à la seule idée que cet appareil du diable, venu des profondeurs ténébreuses de la science, viendrait aspirer non pas les rayons du soleil, mais les énergies enfouies de son âme. Persuadée qu'une grande conspiration avait été ourdie contre son élevage, elle décida que cette machine satanique, inutile et monstrueuse, ne pouvait rester plus longtemps dans le même espace que ses poules. Mouchot eut beau lui expliquer qu'il n'y avait aucun lien entre la maladie et son invention, Pierrette fit trembler la table entre eux :

– Soit tu t'en débarrasses, soit je divorce.

De sorte que Mouchot se sépara de sa dernière machine solaire, tandis qu'on balayait les cadavres et les plumes dispersées des poules que les vers avaient fini par manger de l'intérieur. En janvier de l'année suivante, ils vivaient toujours dans la misère, diogénisaient, car des irrégularités condamnaient le versement de ses pensions. Mouchot, en qualité d'ancien professeur de lycée, était titulaire d'une pension de 1 893 francs, en plus d'être inscrit au budget de l'instruction publique pour une indemnité « littéraire » annuelle de 1 800 francs.

Mais l'argent ne suffisait pas. Les taxes, la nourriture, les factures à payer, les dettes à rembourser, tout se faisait sentir dans leur vie, pourtant déjà indigente. Voilà pourquoi Pierrette, voyant leurs économies s'effondrer, décida de réclamer à une cousine les 3 000 francs d'un prêt ancien. La cousine renâcla, on se disputa, on porta plainte, on partit en procès.

Ce procès mit en lumière la situation financière de Pierrette. On lui trouva des frais de justice non payés auprès de l'Administration. Mouchot ne sut rien de cette affaire, jusqu'à cet après-midi où un huissier de la cour d'appel se présenta, escorté du commissaire de police de Vaugirard, au 56 rue de Dantzig, pour saisir le mobilier. Les choses auraient pu être résolues avec élégance si, quand ils frappèrent à la porte, Pierrette Bottier ne les avait reçus, la mine renfrognée, en brandissant un couteau de cuisine.

– Royalistes de merde, leur avait-elle crié.

Il fut question de l'interner, mais l'Administration ne voulut pas laisser seul un vieillard habitué déjà aux soins de son épouse, et classa l'affaire sans suite, si bien que, pendant quelques jours, il n'en fut plus question. Mais la santé de Mouchot faisait craindre à Pierrette que sa mort n'entraînât l'arrêt de la pension.

Elle chercha une solution plus pérenne. Début février, elle trouva un homonyme, un certain Charles Mouchot, qui n'avait aucun lien de parenté avec son mari, pour le substituer à Augustin. Charles Mouchot était un homme effrayant, de taille moyenne, aux humeurs froides et au teint rougeâtre, le regard bas, le nez trop long, la crinière brossée en arrière, les sourcils en broussaille, tout son profil avait cette lividité menaçante des marabouts sous la pluie. Ce fut lui-même qui s'occupa de la partie juridique : il trafiqua les deux prénoms et, à l'aide d'un faussaire, fit faire des actes illégaux dans l'espoir qu'Augustin meure avant lui pour se partager ses biens avec sa veuve.

Or, Charles Mouchot mourut le premier. Le 8 mars 1907, il fut arrêté pour une affaire de faux-monnayage, car il était parvenu à falsifier 3 000 francs en pièces de cinq écus qu'il écoulait au compte-gouttes aux halles de La Villette, puis placé en cellule et condamné à être exécuté en place publique. Une grâce spéciale le sauva de la guillotine. On l'autorisa à purger sa peine près de Marseille, sur l'île de Ratonneau, à l'hôpital Caroline, pour soigner les lépreux et les pesteux, passant ainsi des mois à laver les eaux noires de leurs auges et nettoyer leurs latrines, jusqu'au jour où il essaya d'abuser d'une infirmière et fut rapatrié à Paris. On le traduisit en justice, on le condamna pour la seconde fois et, quelques jours plus tard, au milieu de la nuit, on lui coupa la tête devant la prison de la Grande Roquette.

L'Académie, croyant le véritable Mouchot décédé, suspendit sa pension. Un mois plus tard, lorsque Augustin Mouchot s'en rendit compte, il essaya de la réclamer. Mais le conseiller du ministre de l'Instruction publique, un homme au front plat, au crâne rasé, qui portait une grosse moustache en tapis lui couvrant la totalité de la bouche, le reçut avec froideur dans son cabinet et écouta sans conviction sa plainte désarticulée. Puis, levant les yeux au ciel, il conclut :

– Aux yeux de la France mutualiste, vous êtes mort, monsieur.

Mouchot s'emporta. On le sortit de force. La rumeur courut que le vieux savant ne pouvait contenir ses accès de colère. Il avait quatre-vingt-deux ans passés. Les allergies et les anémies étaient en train de le ronger de l'intérieur. Tout paraissait le diriger vers une mort prochaine et sereine lorsque, un soir d'avril, après une journée écrasante de chaleur, il eut la visite d'un envoyé de la préfecture de police. Sur le seuil de la porte, cet officier lui apprit que sa femme Pierrette, qui se trouvait au commissariat du quartier Necker, avait fait une telle crise dans les couloirs qu'elle avait dû être transportée à l'infirmerie spéciale du dépôt.

Selon son témoignage, le matin même, une fillette de dix ans lui avait répété innocemment une accusation ridicule contre une personne du voisinage et Pierrette, aigrie par les ennuis familiaux, tourmentée par les procès auxquels le couple devait faire face, s'était empressée d'aller tout rapporter à la police. Elle avait été examinée par des médecins qui ne lui rendirent pas sa liberté. Elle parvint toutefois à s'échapper, mais fut bientôt rattrapée dans un grand magasin du 7ᵉ arrondissement et internée de force à Sainte-Anne, d'où on la conduisit à Ville-Évrard, puis à Perray-Vaucluse, en Seine-et-Oise. Après plusieurs établissements, elle avait fini à Sceaux, dans une maison de santé.

– Quatre hommes ont été nécessaires pour lui faire retrouver la raison. C'est une femme tenace.

Cette nouvelle terrassa Mouchot. Il chercha à tâtons dans les méduses de sa mémoire un secours miraculeux, une main amicale, mais l'empereur était mort, Verchère de Reffye aussi, Benoît Bramont avait disparu, Abel Pifre construisait des ascenseurs avec un dénommé Otis, un Nord-Américain qui lui rachèterait son brevet bien des années plus tard, aucun de ceux qu'il avait rencontrés ne pouvait lui venir en aide. Vaincu, isolé de tout, il hasarda une lettre à l'Académie, où il pensa trouver un réconfort. Comme il ne recevait pas de réponse, le lendemain, il se rendit en boitant à la préfecture en réclamant sa femme, en se plaignant, en implorant, tandis qu'avec un déchirement dans sa voix il répétait « la fatigue de ma femme » comme il aurait dit « la beauté de ma femme, l'écrasante beauté de ma femme ». Aucun des gendarmes du 15ᵉ arrondissement ne put soupçonner que ce petit vieillard courbé, vêtu d'une simple couverture de laine, sa canne à la main, était chevalier de la Légion d'honneur, avait autrefois été célébré par un empereur, avait gagné une médaille d'or pendant l'Exposition universelle, pouvait calculer l'empreinte la plus subtile de la chaleur sur Paris, noter les trajectoires les plus délicates des rayons de soleil, avec une infaillible précision. Désormais, vieux et sénile, il se traînait à terre en demandant qu'on lui rende une femme internée en psychiatrie.

La situation empira. Ce fut pendant la détention de Pierrette que sa vieille affaire des non-payés auprès de l'Administration remonta jusqu'à un nouvel huissier qui la classa dans la section « saisie et vente ». Pendant l'absence de Mouchot, il s'était introduit dans la maison, avec le commissaire du quartier, un certain Buchotte, et avait procédé à la confiscation des biens. Lorsque le vieux savant rentra chez lui, abattu, déprimé, épuisé de pleurer, il se trouva nez à nez avec l'huissier. Mouchot ouvrit alors sur lui ses yeux étonnés. Il caressa de ses mains tremblantes les objets familiers, vestiges misérables de sa vie laborieuse, et murmura :

– Vous me prenez tout. Je n'ai pas fait de mal. J'ai beaucoup travaillé, voilà tout. Mes livres aussi vont-ils partir ?

Il y avait dans sa voix une émotion si touchante que, devant la sincérité de ce désespoir, le commissaire ordonna :

– Vous respecterez les livres.

Lorsque tout le monde se retira, Mouchot demeura seul, sans ressources, dans son foyer dénudé, abandonné à son chagrin. Il s'assit sur le seuil de sa porte où lui-même, quelques années auparavant, s'était présenté en mendiant une chambre, et il resta là, assommé par le destin, presque sans bouger, l'âme égarée.

Tout à coup, avec ce qui lui restait de vue, il aperçut un cheval borgne qui traversait la rue, la tête penchée d'un côté, pour mieux voir où il avançait, et Mouchot se rappela ce dromadaire borgne avec qui il avait vécu dans les hauteurs du mont Chélia, là-bas, en Algérie, dans les bosquets de cèdres qui surplombent le désert. Il perçut dans son cœur l'émotion douloureuse que donne le souvenir d'un instant de paix qui fut bref, et qui ne se répète jamais. Il revit la montagne prodigieuse, la plaine sèche, dorée, hurlante de silence, avec son parfum de sel, son soleil qui grossissait les dattes et les écorces des pommiers, ses dunes aux crêtes capricieuses, son ciel bleu, et ses jungles de pins qui grimpaient sur la paroi verticale des rochers.

Il eut soudain envie de tout abandonner, de sortir au milieu de cette journée horrible et de marcher jusqu'à la mer. Il voulut traverser les montagnes et les ports, parcourir les mille kilomètres de Méditerranée à la nage et, là-bas, courir jusqu'au mont Chélia et s'y brûler de nouveau. Mais le cheval borgne disparut, et la misère parisienne qui l'entourait, avec ses malheurs et ses maladies, avec ses folies et ses injustices, l'écrasa d'un tel poids qu'il alla se coucher et s'endormit tout habillé. Il se mura dans le silence et, quand il en ressortit dix jours plus tard, le ventre gonflé de mauvais pain et de viande séchée, il n'était plus que le fantôme de lui-même.

Dans tout moment de désespoir apparaît souvent un ange. Pour Mouchot, ce fut M. Proust, secrétaire de la Société des amis de la science, à laquelle il appartenait depuis onze ans, et qui prit connaissance de « l'affaire Mouchot », dont les journaux avaient parlé à propos de l'internement de sa femme.

C'était un homme assez petit, avec une tête très ronde et un menton pointu, l'air flegmatique, d'une cinquantaine d'années. Il avait un visage large et doux aux contours charnus, sans aucune tension, dont les yeux bleus, sous des sourcils minces et élevés, donnaient à son regard quelque chose de déraciné. Il conservait encore à cet âge des idées fouriéristes et saint-simoniennes, vestiges du siècle précédent, et défendait l'idée selon laquelle on ne peut faire de science sans conscience sociale.

Il fit irruption dans la maison de Mouchot aux premiers jours d'été. Quand il monta à l'étage, il découvrit à terre, pêle-mêle, de la vaisselle cassée, des vêtements sales et des livres éparpillés, ici et là. Assis au centre de ce désordre, immobile, silencieux, le pauvre Mouchot pleurait l'absence de sa femme.

Aussitôt, il le conduisit en voiture chez le libraire Hermann, qui connaissait depuis longtemps Mouchot, à l'époque où il fréquentait le bouquiniste Delaporte. Augustin Mouchot, fatigué, haletant, se tenant sur sa canne, le pria de l'accompagner chez lui :

– J'ai besoin d'argent, lui dit-il. Voulez-vous venir chez moi ? Je vous vendrai quelques bouquins.

Arrivé rue de Dantzig, le libraire entra chez Mouchot sur la pointe des pieds pour éviter les poubelles qui traînaient sur le sol. Il n'eut besoin que de quelques regards rapides pour voir figurer, sur les étagères boiteuses, une édition *princeps* des *Acta Mathematica* d'Isaac Newton et un exemplaire des *Passions de l'âme* de René Descartes, publié un an avant sa mort, relié en plein vélin ivoire, qui avait conservé son recouvrement d'époque. Il feuilleta les volumes, renifla le papier, tria, jugea et finalement emporta, contre le versement d'un acompte de 200 francs, une quantité telle de livres qu'il dut faire appel à un jeune apprenti qui apparut en empoignant une vieille charrette. Dix ans plus tard, quand la bibliothèque de Mouchot fut démantelée, on ne retrouva plus que de vieux brochés d'études géométriques, des volumes en papier marbré dont le cuir de la reliure avait été rongé par des poux de livre, ainsi que quelques pages griffonnées d'une main impatiente, regroupées en liasse de feuillets à l'encre verte, consacrés à la représentation des « imaginaires ».

Ce fut plus ou moins à cette époque que M. Proust remit à Mouchot une somme de 3 385,25 francs, représentant les arriérés de pension qu'il avait perdus à cause de Charles Mouchot, et lui ouvrit un crédit extraordinaire au compte de la Société. Il fit venir des ouvriers qui procédèrent aux réparations nécessaires. Il mit lui-même de l'ordre dans ses papiers, retira du mont-de-piété le linge et les objets engagés par Pierrette, et chargea une femme de chambre de gratter, balayer, laver, de haut en bas, toute la maison. Il prit en main les intérêts de Mouchot que ses prescriptions avaient paralysés, fit rentrer les arrérages de sa pension de retraite que, selon lui, Pierrette avait laissé s'accumuler pendant trois ans. Mouchot lui confia l'argent qu'il avait reçu de la vente des livres, lui remit aussi le produit de ses mandats et des bons de poste, arrivés rue de Dantzig à la suite d'articles parus dans des journaux. Mais bien que la situation semblât s'améliorer peu à peu, Augustin Mouchot pleurait toute la journée et n'avait qu'un seul mot à la bouche :

– Je souhaite seulement qu'on me rende ma femme.

Trois semaines plus tard, aux derniers jours de juillet, on libéra Pierrette. Lorsqu'elle sortit de cette maison de santé, elle était plus méfiante que jamais. Elle rentra chez elle dans un état de grande colère. Au cours de la soirée, et pendant le reste de la nuit, elle retourna la maison comme si elle voulait la purifier des démons de son absence, changea les meubles de place, mit tout en branle, égorgea la dernière poule et, avec son sang, fit une mixture épaisse de savon qu'elle utilisa pour laver les murs. Elle condamna la porte d'entrée, convaincue que les gens de l'Académie viendraient pour l'interner à nouveau, et ne sortit plus que par une issue en soupirail.

Parfois, quelqu'un venait frapper. Elle interdisait à Mouchot d'ouvrir. Que ce soit la police, les amis, le vidangeur, le facteur, la famille, elle ne répondait à personne. Mouchot dormait au premier étage, au fond d'un corridor, sur un lit aux draps tachés de sang et de sueur, le ventre rempli de rognures de viande achetées au rabais. Pierrette, souvent absente, se rendait alors régulièrement au parquet de la Seine, avec un entêtement maladif, pour porter des accusations contre des intrus ou des voisins, persuadée de vivre entourée d'assassins. Elle refusait tout ce que « ces messieurs de l'Académie » voulaient lui faire signer, et ligua Mouchot contre tout le monde.

– Tu te rends compte ? disait-elle. Toi qui as donné soixante ans de ton génie à ce pays, et voilà comment ils te remercient.

Elle le convainquit qu'il était victime d'un sombre complot. Ces messieurs de l'Institut, les huissiers, M. Proust, Abel Pifre, le bouquiniste Hermann, tous avaient décidé de s'associer contre lui, afin de lui voler sa propriété, ses livres, ses brevets. Pour le protéger, elle jetait tout son courrier et lui interdisait de sortir. Elle revenait toujours du marché avec un sac d'épluchures qui étaient à la fois pour ses chèvres et pour son mari. À cette époque, elle ne portait plus qu'un châle de pauvresse sur le dos et une tresse graisseuse, grise, en broussaille, qui faisait vaguement l'effet d'une perruque. Les yeux saillants, le cœur ridé, elle surveillait sans cesse sa grille d'entrée. Un après-midi, un journaliste du *Méridor* s'approcha, car il faisait un sujet sur le destin des inventeurs. Il tenta d'aborder Pierrette.

– Madame Mouchot ?

Elle se retourna violemment et ses yeux s'écarquillèrent. Sa face, d'un teint terreux, verdit.

– Est-ce que j'ai fait le signal ? hurla-t-elle. Qu'est-ce qu'il veut encore, c'lui-là ? Non ! Non ! J'veux voir personne…

Elle franchit le patio et, sans se retourner, d'un geste violent, referma sur elle la grille. Mouchot ne s'était rendu compte de rien. Coiffé d'une toque, enveloppé d'un vieux rideau, enfoncé dans un grand fauteuil, un bras ployé sous le menton, comme un homme de cire, il n'avait pas bougé.

Le lendemain, ce jeune journaliste, répondant au nom d'Edmond Bernaert, écrivit un article qui fit du bruit. Il l'intitula : « Le cas de M. Mouchot, autour d'un séquestré. »

La lecture de ce papier déprima Mouchot. Fin septembre, une toux le prit. Le premier jour, il dormit dix-huit heures de suite pour essayer d'enrayer la maladie. Mais le deuxième jour, il souffrit de fièvres incontrôlables qui lui convulsionnèrent la poitrine comme si un océan essayait d'en sortir. Au troisième jour, on entendit un râle effroyable, les charpentes du mur tremblèrent. Pierrette lui administra du pavot somnifère et du vin d'opium qu'elle trouva chez un sorcier basque, pensant ainsi le faire vomir pour calmer le feu qui le consumait de l'intérieur, mais Mouchot, qui n'avait rien mangé, ne lâcha que des paroles incohérentes dans une langue étrangère, égaré dans un bourbier de délires, si bien que les voisins crurent que Pierrette se livrait à des séances d'exorcisme sur son mari.

Personne ne vint prêter main-forte. Personne ne frappa à la porte. Ils restèrent seuls, à deux, l'un esclave de l'autre, jusqu'au jour où un coursier parut, un jeudi de pluie, portant un message de l'Institut de France. Pierrette était absente. Mouchot, pour la première fois depuis longtemps, reçut une nouvelle visite. Il ouvrit la lettre. L'Institut et l'Académie, le sachant démuni, pour consacrer ses travaux, avaient décidé de lui remettre une distinction tardive, un prix prestigieux, couronnant ainsi son parcours dans l'histoire des mathématiques.

Au milieu de ce naufrage, un phare venait de s'allumer. Mouchot, bien que malade, voulut se rendre à la remise du prix. Seul chez lui, il eut du mal à trouver, au fond d'une grande malle en métal, son unique costume, qu'il n'avait pas porté depuis son retour d'Algérie, enlaidi par le temps, enroulé dans des journaux du siècle précédent, qu'il dut arracher aux mites qui avaient déjà commencé à en grignoter les coutures. Il avait perdu tant de poids que son pantalon était trop large, comme s'il avait appartenu à quelqu'un d'autre, au point qu'il lui fallut mettre une paire de bretelles, croisées dans le dos par une boucle dorée, pour le tenir à sa ceinture. Sa veste avait du sable du Sahara dans les poches et des marques d'usure aux manches. Il s'étendit sur son lit, tout habillé, et fut envahi d'un bonheur ancien qu'il croyait avoir oublié.

Il était midi. C'était le vendredi 4 octobre 1912. Mouchot sentit son cœur le lâcher. Il revit une dernière fois par la fenêtre le mont Chélia dans le désert algérien, si clair, si net qu'il eut l'impression qu'un rayon de sable se glissait entre les rideaux. Puis il ferma les yeux.

La mort d'Augustin Mouchot survint à l'instant même où Pierrette revint du marché et entra dans la maison. Quand elle monta à l'étage, il était allongé, livide, habillé en costume, le visage tourné vers la lumière d'automne, comme s'il avait attendu ce moment depuis toujours. La seule chose qu'elle trouva sur lui, dans la poche intérieure de sa veste, fut un carré de papier jauni, sur lequel était tracé un mot à l'encre effacée, qu'elle ne comprit jamais :

Bien que j'en aie l'air, je ne suis pas mort.

édition pré-presse
livres numériques

44400 Rezé

 **IMPRIM'VERT®**

Achevé d'imprimer
en mai 2022
par Corlet Imprimeur
14110 Condé-en-Normandie

Dépôt légal : mai 2022
N° d'imprimeur : 22040532
Imprimé en France